suhei

出走，是為了愛

出走不是逃離，而是面對。
出走是為回來，回歸自己。

素黑

目錄

序

生死愛慾。心靈出走

自愛。定心。回歸身體

自序

說完，放下，再上路

十年前，我放下一切，出走到英國南部陽光和大海相擁的布萊頓(Brighton)，每天過著尋貓、吹尺八和寫稿的日子，生平第一次愛上自己。我的生命改變了。

十年後，出走的細胞又在蠢動，下一站，想放下文字，到有雪的地方創作靜心音樂，分享愛。在再次出走以前，我需要可依靠的強大力量，於是，我把愛交給大自然，投向純粹和安靜的擁抱：廣東南嶺森林的老松樹、北京街頭的白楊樹、香港維多利亞公園的檸檬桉、長洲岸邊的沖浪巨石……當然，還有與我生死相依的黑尺八。

出走是我淨化自己的方式。我喜歡孤獨一個人走，若遇到心靠得很近的人，也愛跟他一起走一段。十多年前常去巴黎浪流，近年愛上京都，現在想靠近雪。喜歡冷的地方。冷的地方讓人冷靜，熱的地方讓人懶惰。（啊，忘了，我其實更應該學習偷懶的智慧。）

接受國內很多記者的採訪，幾乎都問同一的問題：素黑，妳的信仰是甚麼？我會微笑地回答：大自然。記者愕然地追問：沒有崇拜的靈性大師、偉人嗎？我會安靜地回答：沒有。我相信最強的力量不在人，不在物質，而在大自然。大海、老樹、聳山，它們擁有最純粹最無私的力量，繞過道德、思想、情緒和慾望等人性的限制，無條件地付出愛的能量，讓生命延續。大自然的生滅定律叫人放下愛慾的執著，接受生死的本性。人在大自然面前還原真實，放下自我，學懂謙虛。

生命就是能量的流動，先別把它放在很高深的靈性境界去冥想，最簡單地觀看生命和自然的運行便是了。能量水平高的生命才有能力追求更高層次的東西，如靈性、愛、信仰……我們背馱著老化、固執的皮囊，怎能有高能量的生命力去愛，感受愛呢？

最偉大的愛不應僅僅局限於人本身。愛是流動的。愛地球，愛生命，

才懂得回來愛自己，愛別人。

「生死愛慾。心靈出走」裡說的，總結了我前半生思考過經歷過愛過痛過傷過哭過笑過執著過放下過的種種，是我多年來最冷靜也最激情的深邃體驗，也算是我對活過三十八年的生命作出的一個交代。說完，放下，待學好尺八「本調」一曲，我可以帶著它再上路了。

書內提及的靜心方法，其中不少會在我設計的靜心工作坊裡用上，慶幸能在南嶺的森林小社區內改建了一所黑洞小屋，實現黑洞自療的奧妙，也慶幸能在森林裡神聖的天籟中靜心，感受「觀」音的奇蹟，抱樹的溫柔，發掘讓生命無條件喜悅的種種可能。感謝讓這一切發生的朋友、貓兒、尺八、鋼琴、海洋、大樹、石頭、風雲霧雨和陽光，你們閃亮了我卑微的生命。

素黑

二零零七年十二月

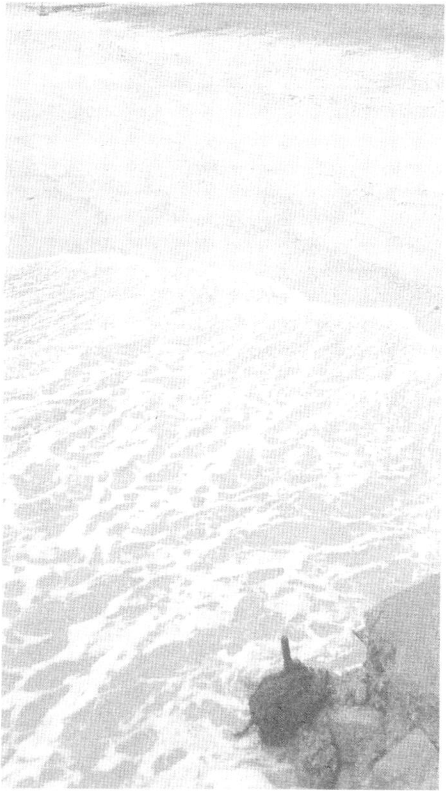

出走，是為回來

二零一五年新版自序

出版《出走，是為了愛》那年，我三十八歲，正值走上一個重要的人生關口：決心放下一段愛了二十年的深厚感情。當年這書的自序文，題目就是「說完，放下，再上路」。顧名思義。

再版這書，我四十六歲，過了更激盪的八年，期間回到曾經出走的英國布萊頓三次、京都兩次，都是我最喜愛的地方，安安靜靜，大山大海。下一站，未知。出去歸來，家在等我。決心為自己安一個家，在大山大海前。不是因為累了，也不為所謂安定不安定，而是為了走上更

遙遠的歷程更好地準備自己。

過去十多年，我一直在傳達「出走」這觀念。

我是在一九九七年秋天出走布萊頓的。那一年，放下香港的一切，帶著兩個箱子一支黑尺八起行，毅然抱別哭壞的母親。她不明白女兒為何突然離鄉別井，我也不清楚何時會回來，會不會回來。總之，生命走到無法再重複著過去、只能闖開未知的將來。這是我第一次出走，決絕地。

自此以後，我開始以「出走」為名寫專欄文章，編輯總會好心地修改為「離開」或「出遊」，說「出走」不是正確的用詞，容易令人誤以為是離家出走的意思，不是好事情。我都拒絕修改，因為出走的態度和深度跟游離不一樣。「離」和「走」是兩種不同的距離和態度。「離」是地理性的，是距離；「走」是心態的、走動的、勇氣的、決志的、身和心的結合，比離開更徹底，層次不一樣。然後，我再以《出走年代》作為第一本小說的書名。同樣地，主編看後有點擔心地跟我說：「出走是不是太反叛了？」問可不可修改一下。我依然故我沒答應。沒告訴他的是，其實小說最初起的名字更叛逆，叫《過分年代》。

基於大家對「出走」抱存著某種禁忌的觀念，後來我以「生死愛

欲，心靈出走」為題目，舉辦了一場演講會，詳述了「出走」跟出遊、旅行、反叛離家等的差異，講義後來被編進了這本《出走，是為了愛》裡。前幾年在某旅遊雜誌看到一篇遊記文章，是位女作家，忘了作者名字，點題語提及她「像素黑那樣的出走」。原來我傳達關於「出走」的自愛修行方式，已驅動了女性自我成長的行動。而「出走」這觀念，亦漸漸被大眾認受，這些年陸續出現過不少以「出走」為書名或雜誌的專題。如今「出走」已變成了肯定詞。大家開始明白，我們需要出走多於旅行，而離家並不是一件壞事情。

我相信，只要你相信和堅持推動一種正向的信念，它自會變成一種力量。

我們開始從以往負面看待出走，到今天對出走的豁然開悟：每個人一生最少應出走一次，而出走是為更生生命的一次選擇，跟旅行散心跑景點不一樣。旅行是興奮的，帶著出軌的感覺，但心裡明白那是短暫的，只是為放鬆，為散心，總得「返回現實」。出走，是歸心，回歸內在那個正待開發的自己，願意跟自己建立親密關係的旅程。

有人害怕出走，寧願留守，也許正是不知該如何面對踏進新天地裡、身心釋放後那個自由的自己。原來我們泥守於困局中，只是因為沒有決心走開，出走世界，更生生命。腿沒動好，眼沒開放，心沒打開，自然停滯不前，沒看到出路。

出走就是出去、走開，毅然地、義無反顧地、計劃周詳地，一個人籌劃，一個人重活自己，沒有比這更負責任的重整人生體驗。

我建議(但不是唯一)的出走方式是一個人，不特別做甚麼，不上課學習靜心，不參與宗教儀式，甚至不走進人群裡，不被別人安排自己。孑然一身，獨自上路，打開全然屬於自己的五官，釋放你誤以為統一、固定、被標籤的那個所謂「自己」，還原內在的多元性。只有繞過別人的思想過濾或洗禮，你才能豁然發現，最純淨的自己將會浮現，原來自己有那麼多面孔、心思和層次。認定這些分層的自己後，學習整合，靜心接受自己的一切。

這時，你可以回來了。出走，是為回歸生命的原點，更成熟地，重頭再來。

舊版書的自序文裡提到這書算是我對活過三十八年的生命作出的一個交代，說過要學會吹奏尺八「本調」一曲，帶著它再上路。結果我學成另一首更貼近出走的尺八本曲「三谷」，是關於人生像三起三落的山谷，雖然起伏不定，卻可走得輕安。今天書的再版，也是我對過去走過險峰重重的八年人生所作出的一個堅忍的確定和感恩。就這樣活著好了：出走，回來，山谷去來，走完起伏人生。

素黑

二零一五年四月於香港

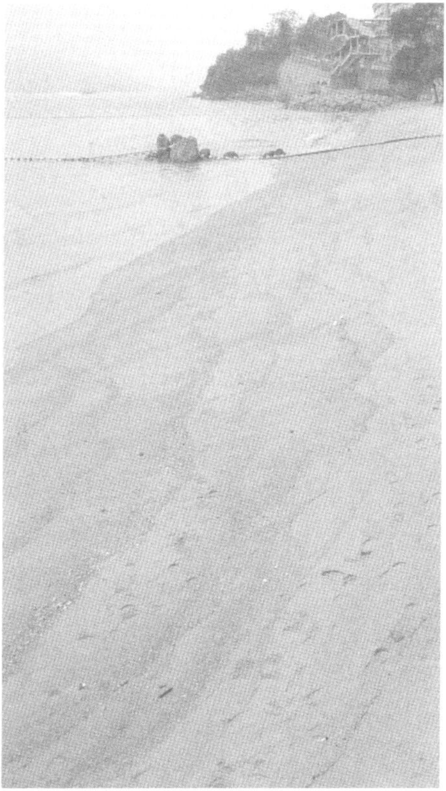

成長是不斷更新自己的過程，
也就是生存的意義。

人生一場戲，
試想想，當生命是一場戲，
你將不再執著特定的角色。
人生也是一場遊戲，
應該懷著喜悅的心情到此一遊。
無須執著，隨緣自樂。

我們通過覺知自己如何面對死亡，
反映我們其實怎樣看待生命，
準備怎樣活這一生。

能面對生死的人，
才算成熟，真正成長過。

一個成熟的人，
是向自己所有的發生負責任，
包括情緒上、慾望上、
行為上和感情上所發生的一切事。

愛情的真相是甚麼呢？

就是在鏡中回照自己，

認清自己之後，學習放下。

走吧，向前走，莫回頭，
在你身邊擦過的緣份，
遇見的人，甚至只是一花一草，
全都是你的鏡。

所謂靜心，不是停止思想，
而是找回內在的節奏，
接通內在原始簡單的身心最優化狀態。

生死愛慾。心靈出走

人生四大關口

在我的小說《出走年代》第一頁，便是這個問題：你有想過出走嗎？

你想過出走，或者是否曾經出走過呢？

可能每個人都有想過出走的時候，甚至出走過，正在出走中。離開一個地方，把自己放在另一個地方，另一種情境，像更換衣裳一樣，換上另一種心情看自己，看世界。這是出走的意義。

人生要面對很多挑戰和難關，最大的關口是生命和死亡，任何人都無法逃避。活好是責任，提升是修養。人生還有另外兩大關口：愛戀和慾望。我們能看穿、駕馭、面對和超越兩者嗎？

人生很多問題都是離不開「生、死、愛、慾」四大關口。

認識我的讀者都知道，我經常出走。今天想具體地探討到底出走是指甚麼，出走可以帶給我們甚麼啟示。

我在這裡所談的「出走」，是人面對自己的生死愛慾問題時的一個出口和路向，我們可以通過這一路向學會如何自處和自愛。

生命為何

很多人問生命為何，生存有何意義，我倒想先問你一個問題：你今年多大？

很多人對年齡很敏感，尤其是女人，不想面對。其實年齡並不重要，歲數沒有意義，或許你已是六十歲，但當遇到人生問題時，你仍可以不懂得處理，仍像小孩子般等待他人來拯救，做的都是傻事。

計算自己有多大的方法可以是這樣的：由你開始認識自己，開始自

愛，變得成熟的那年開始計算。這樣算來，你大可能還只是沒長大過的孩子，甚至還未出生過。

你雖然是個成年人，經歷過很多，平時表現得很得體，但當遇到問題時，你的反應是否還很幼稚？你有沒有察覺到自己還像個不懂事的孩子？我不是指年歲，而是指你有沒有成熟的心態去面對自己和世界，處理自己的問題。有人拒絕長大，要求別人遷就自己，逗自己高興，不想負責任，不想獨立。你可以任性地繼續這樣無賴地活下去，覺得還有很多歲月和機會可依賴和花費，但其實你真的不再是孩子了，**你已沒有孩子的條件去浪費**生命，你已「小」不起了。這是我帶給你思考的第一個問題。

第二個問題是：你有否成長過？

你有成長過嗎？有進步過嗎？十年前的你與現在的你有何分別？五年前、一個月前、甚至是昨天與今天的你有甚麼改變？你比以前更成熟嗎，內心更平靜、更開心，更懂得去愛人嗎？可能十年前的你不懂得笑，但現在與人相處已懂得歡笑和分享，變得從容自在了？

這是我每天都問自己的問題：今天的我跟昨天的我有何分別？

你們或許會問，這樣做人是否很辛苦？哈，辛苦是因為你不情願，不想為自己多付出，甚至只想偷懶，想別人替你活。自我反省是我對自己的要求，像習以為常的呼吸一樣。**別以自己的標準去衡量別人**，**這樣才辛苦**。當你懷著正面的生命態度，就如負責任、成熟的人一樣，是不會覺得辛苦和埋怨的。**拒絕長大**，**不願意承擔的人**，**生命並不會輕鬆好過一點的**，別搞錯。

當你面對困擾時，是否覺得自己成長了？是否在不斷重複過去做過的傻事？是否更新(refresh)過自己？

更新自己是很重要的，這正好反映你有沒有真正生活過，是否已變得成熟。

更新自己＝能量轉化

如果你突然死亡，你這一生是否白白渡過？

這是一個關鍵的問題，我只想告訴大家，更新自己的意思並不是指要你要達到甚麼目標，如職級升多少，認識多少個男友或女友等等。**更新自己是指能量轉化**，加快生理和心靈上的新陳代謝速度。正如女人臉上的斑是因新陳代謝欠佳而導致的老化現象。也像減肥的理念，真正健康的減肥方法不是節食、吃藥，或用機器輔助，而是加速體內的新陳代謝，讓自己體內快些清理廢物，吸收營養，機能一旦慢下來便會老化，積聚脂肪。

健康的減肥法應該是有效而健康地促進新陳代謝的方法。

至於**心靈上的新陳代謝**，便是要**經常替潛意識排毒**，**換上正面的能量**，**排走負面的想法和迷執**。所謂修行也是精神新陳代謝的過程，要保存能量，保持心靈清爽舒暢，避免白白消耗能量。**修行是有效地提升能量和減低能量耗損的方法**。

愛惜生命便是不要白白浪費能量，能量浪費了或變質，會令你肥胖、消瘦、痛心、暴躁、鬱結、嫉妒、不安、迷失、執著、自暴自棄，甚至想死。新陳代謝讓我們永遠向前看，不能回頭，繼續上路。很多人總愛抱怨今天不開心，全因過去陰影所致，這都是幼稚的表現，原來你只不過是個拒絕長大的孩子。我們永遠要向前行，要出走。

成長是不斷更新自己的過程，**也就是生存的意義**。我們常問生存為甚麼，太重視感官滿足和成就感，忽略了最簡單不過的意義：不回首過去，向前走，不斷更新自己，在變化中進步。

一個成熟的人，**是向自己所有的發生負責任**，**包括情緒上**，**慾望上**，**行為上和感情上所發生的一切事**。這是生存和長大的責任，不要逃避，也根本逃不了，只能面對，承擔，和成長。不怨天不尤人，向你自己全部負

責。一個不成熟的人，沒有條件活得從容而不影響別人，更沒有資格要求別人滿足自己所想所求。要知道，你的生死本來便跟別人無關，但實際上不是，因人與人之間有很多關聯和緣份，其實沒有一個人是孤立的，在你身上所發生的，或多或少也會影響你身邊的人，尤其是你最關心、最愛你的人。

你怕死嗎

你怕死嗎？你有膽量知道自己何時死嗎？

原來死是一件很遠也很近的事，很多人去想它，越怕它越去想它。

很多人很怕死。我不斷收到讀者告訴我怕死的電郵，最近便收到一個二十多歲的女讀者的電郵，說她很怕很怕死，怕到失眠。為甚麼她那麼怕死呢？人總有一死，有甚麼事突然令一個年輕人如此害怕死亡呢？但我們不要輕易取笑這些人，因有些事可能你還未經歷過，所以不知怕，甚至輕視死亡。一旦你有放不下的人和事，讓你覺得比生命更重要時，你便不會輕易說

「我隨時死都沒所謂」之類的話了。

我認識一位內地的編輯朋友，她最愛的人突然死了，叫她傷心欲絕，很想我告訴她怎樣才能再跟他說話，有沒有通靈的方法，能不能通過夢或催眠之類的方式再跟他見面，只見一面也滿足了，還有很多話沒有跟他說，很不甘心。她說：「假如他叫我去陪他我也願意。」死別之痛讓我們與死亡更靠近，更看清楚生命的價值。可是大部份人都不能超越生死，結果選擇沉淪或迷執，無法看穿生死的奧秘。生死一直是我們認為存在的最大秘密。當然，還有愛。這個我留待下一步才詳談。

越是深愛越怕失去，所以，有人會害怕自己最愛的寵物死去，有人說如果自己很愛的人死了便失去生存的一切意義，生不如死，寧願跟他一起去。你是否想過這些問題呢？有人很怕自己會死，或者怕家人死，怕偶象死。

你到底怕甚麼？

你怎樣看待死亡，表示你有多重視你的生命。正如戀愛中的情侶，經常會問這個經典問題：「你希望你先死還是我先死？」很多人會用這個

問題來測試對方有多重視自己，可惜這問題是一個陷阱，因為你對死並不感興趣，你只對佔有對方感興趣。又或許你不怕自己死，但很怕身邊的人會死，如你最愛的人，最親的人，你怕承受不起，感到很害怕。說到底，你究竟害怕甚麼呢？

正如有些人怕黑，為何怕黑呢？他們不知道。有人怕鬼，雖然一生從未見過鬼，就是害怕。對於死亡，你未必很具體地理解它是甚麼，因為死亡是最不能被知道的一件事，即使你去算命也得不到答案，你只會構想，然後質疑，是真是假，沒有任何人能憑經驗直接告訴你。可死亡是百份百必然，你不可能逃避，人是一定會死的，甚至可以說，世上任何事都未必有絕對的真實意義，包括生命、愛到底為甚麼等，但死亡卻是最真實的。當你以很認真的心態去面對自己的死亡時，你的想法和心態能如實地反映你深藏的一切問題，因為你無法在死亡面前虛偽，你的心讓你變得透明。

你害怕死亡，其實可能更多反映你害怕剩下自己一個人面對自己的命運。害怕死亡因為其未知性，同時也因為其確知性，難於被完全掌握，這正是死亡讓人感到可怕的原因。

玩過遊樂場的跳樓機嗎？當你坐上去，被升至半空，周圍空洞洞，你整個身體暴露在幾十層樓高的空氣中，感到無法抓住甚麼的恐懼，在等

待突然急速跌下去的那一刻，你會很害怕，心的位置很虛很空洞，你害怕「失重」那一剎，讓你整個人飄起來，失去重心。當人失去重心便會害怕和驚恐，雖然你明知不會死，但你還是害怕，原來大部份人的驚慌都來自心。正如戀愛，你會想究竟他喜歡我嗎？有些問題我應否問他呢？他不再愛我我怎麼辦？你看再多的戀愛劇集、愛情小説、戀愛專家的分析也是沒用的，因為當問題發生在你身上的剎那，當你親身經歷時，你還是會害怕，心驚膽跳，因為是你的心正在經歷，在這狀態下，你失去了重心，所以你虛驚。

較早前我和拍擋搞了一個「回歸身體工作坊」，讓同學們學習「返回身體」，我們教站樁。站樁是很好的養生方法，因為人是站在地上的動物，當人站在地上，能上接天下接地取得能量，取得天地宇宙之氣，當我們把天地之氣凝聚體內，轉化為能量，我們便會安定下來，找到重心所在。當我們找到重心才能處變不驚，不會亂動，不易執著生死愛慾這些概念化問題，甚麼生命的意義，死亡的秘密，愛情是甚麼，要不要壓抑慾望等問題。這時你才明白，心平氣和便是答案。檢查自己的心率變化和呼吸狀態，是我們檢視自己的心性狀態和層次的最好指標。關於心和身心狀態的科學和靈性的關係，已在我的心療講座系列一《最放不下愛》裡詳述了。

再舉一個例子。我有一位年輕的情緒治療女客人，她總覺得自己心

裡有問題，經常感到心緒不安，於是到處找人查問，找過甚麼「高人」求助，結果被所謂的高人判斷是邪靈附身，於是害怕到沒命。常有幻聽，覺得有鬼，認為自己的心魔太厲害，常常問自己到底是誰。母親看到她這樣失魂落魄，因為知識水平不高，便帶女兒到一所佛堂向主持求助。這位主持很有意思，一看到她便說：「妳有甚麼問題嗎？妳覺得心裡有鬼嗎？哪裡有鬼？那只不過是妳壓抑了的自己而已。」一語中的，他真是一位心理大師。

若從專業的科學角度解釋她的問題也不難，她是跟自己的潛意識對抗，失去了重心，感到很虛空，於是害怕孤獨，恐懼跟死亡沾上邊的鬼神。當你心亂時，當你被勾起了你內裡的潛意識時，當你沒有能力去處理自己時，你便會疑神疑鬼，驚恐不安，這很容易演變成精神分裂，必須很小心，別去問卜，避免越問越不安，自招煩惱。聰明人會在適當的時候做適當的事。

死亡是必須自己面對的，正如生命一樣。世上只有生死是人無法逃避的責任和過程，每個人都一樣，分別只有方式，而不是結局。能面對生死的人，才算成熟，真正成長過。

亞歷山大是西元前三百多年的馬其頓國王，曾拜希臘著名哲學家

亞里士多德為師，二十歲已為王，東征時不足三十三歲，曾征服了百分之九十的世界版圖，未打輸過一場仗，建立橫跨歐、亞、非三洲的亞歷山大帝國。像他這樣在戰場出生入死的強人，你知道他是如何面對自己的死亡嗎？他在臨死時吩咐隨從要將他的手放在棺木外面，讓圍觀向他致敬的人民看到他走時兩手空空，不能帶走甚麼。

這便是生死的最後意義。

還有一個佛陀的故事。一個剛喪子的哭婦走到佛陀面前，求他告訴她到底要怎樣做才能放下悲慟。佛陀便叫她到鎮上找一户人家，找一户從沒死過人的家庭，向他們要一些芥菜籽。她去了，結果發現每一家人都有芥菜籽，就是沒有一家未死過人的。佛陀要她覺悟的是：死亡是生命的一部份，一定會發生的，不是某種私人的災難。害怕死亡、否定生命的人無法找到生存的意義，也無法享受愛、得到愛。

我們要接受死亡，才能體會原來世上真有不會失去的價值，那便是愛和覺知，關於這點我稍後再詳談。

再問一個有關死亡的問題：你想過自殺嗎？

西方著名的哲學家叔本華說過一句名言：「死亡是一切哲學的開始。」法國存在主義小說家卡繆也說過：「真正嚴肅的哲學問題只有一個，那就是自殺。」

他們到底在說甚麼呢？為甚麼自殺這課題是那麼重要呢？

讓我們分析自殺的本性和實性是甚麼吧。

我們一想到自殺，便聯想到血和屍體、遺書之類的場景，覺得自殺是可怕的行為。可是，其實自殺在大部份時候是沒有行動的，只是一種思想活動。

當你想到自己沒出路，覺得生無可戀，愛到筋疲力盡也沒成果時，你會很容易便想到死，因為覺得死是一個出口，是解脫。很多人在思想的層面上都想過自殺，只是想了便完成了，滿足了，或者只敢想不敢行動。

我有很多讀者和受療者都試過為情自殺。這是可悲的事實。為情自殺有幾種原因，第一是為了令對方放心不用掛慮，不想成為對方的負擔，臨死前還會祝福對方；第二是令對方一生不安，用死令對方一生內疚，這

是很重的報復心態；第三是自困，無法令所有伴侶開心，覺得自己很失敗，認為死會令自己好過一點。

覺知如何面對生命

有多少人真正準備好迎接死亡呢？其實大部份人都只是口裡說很想死，卻沒有膽量或計劃。其實最怕死的可能正是他們。我曾經跟一位在死亡邊緣徘徊過的編輯談論過，既然社會上有很多人想死和不愛惜生命，不如搞個「棺材治療法」，即是弄個棺材回來，讓常常嚷著想死的人睡進去，並埋於地下，目的是讓他們真實並成熟地面對死亡，從而治療他們的懦弱。我們相信，蓋棺後不到十分鐘，99.9%的人都會從恐懼中掙扎爬出來，原來他們並不了解死亡，也未準備好離開，他們根本不想死，他們的死亡意欲並不大，只是在思想上圍繞著「想死」這念頭轉牛角尖。

光說是沒用的，面對具體現實時你如何反應，那才是真實的你。我們得重新了解自己。

另外，越年輕的人越想死，因他們以為擁有大量時間，年紀大的人反而連「病」字都不敢提，更遑論「死」字。很多人自小對死亡懷著很大

的好奇，個性憂鬱，自戀也自毀。他們大都是天生的悲觀主義者，性格孤僻，不被認同，也不認同別人。覺得既然無權選擇出生，應該有權選擇死亡，很多年輕人都有如此想法。為甚麼呢？因為他們想變得獨一無二，為自己的平凡添上一點獨特性。自殺是抗衡生命沒有選擇的副產品，是希望得到自由的思想副產品。**死亡提醒你生命的絕對性**，你希望變得絕對，建立自己的價值和獨特性，通過死亡或經常提及死亡來肯定自己的存在感。憂鬱的、病態的、負面的人更會通過死亡、生病或痛苦來博取別人的同情和關注，讓別人對自己另眼相看，教人覺得他們很特別，值得被關注，以吊詭的方式肯定自我。

你可能會問，為何我要談論這麼多關於死亡的事呢？

我的目的，是讓大家明白自己的死亡意識，即是說，我們通過覺知自己如何面對死亡，反映我們其實怎樣看待生命，準備怎樣活這一生。死亡可以只是純粹的思想活動，跟行動和理性無關，正如我們有很多對愛的負面假想一樣。重點是你準備好沒有？還沒準備好便不要死，也不要嚷著死，不然只會給別人帶來更多麻煩事。

再說，生死觀未成熟，會嚴重影響我們面對生命和情感的態度，如愛情觀。你未準備好死，也不可能準備好去愛，難怪你得不到愛。其實你知道，你死不起多少次。

甚麼是愛

甚麼是愛？

愛是世上最難的一個字，問你一生中最重要的是甚麼？是生命？愛？你一生中最重要的人是誰？你可以為最愛的人付出甚麼？金錢？性命？你曾為他/她具體地付出過甚麼？做過甚麼？你所付出的是他/她真正的需要嗎？還是你一廂情願的結果，浪費了很多能量和心血，最後才知原來對方不稀罕，不欣賞，甚至不想要，但你已開始責怪對方枉費你的付出，你無法下台，因為你只懂得用這種方法去愛？是這樣的話，那你得檢討一下。

到底你有沒有能力去愛你以為很愛的人呢？

很多人在追求愛的過程中，做了很多跟愛無關的事，以為可以達到愛，不斷地消耗與愛無關的能量。我們都聽過這樣的故事吧：兩個相愛的人，為了實現共同的夢想，希望靠努力得到物質享受，要事業，要大房子，要車，要孩子，這是他們的目標，以為這是愛，可惜在賺錢的過程中大家變了，由為了愛變成追求物質，打開了慾望貪婪的心，開始發現自己比對方重要。於是，由最初住在只有一廳一室的小屋，到能買得起花園洋房別墅的時候，大家的追求竟變成分手的理由，他們已不再談愛，只談財產分

配。又或者，情人多了，卻回味當初一無所有的溫馨，可是已經不能回頭了。這是可悲的都市愛情故事。

現在再多問自己一次：你一生中最重要的是甚麼？你的答案會跟剛才的不同嗎？

你一生中最重要的人是誰？

假如你的答案是他。那你應再問：為何「**他**」最重要？他為「**你**」帶來了甚麼？他改變了你甚麼？

答案可以是正面或負面的，你得看清楚。

因為他愛你，因為他接受你，因為他為你付出，照顧你、欣賞你、養你？令你覺得無法失去他？

又或者是你犯賤，原來他對你諸多傷害，他暴力虐打你，他花心，他有眾多情人，對你的愛無動於衷，但你還是覺得最愛他，這是違反愛的條件的常理。他這樣待你，你仍愛他，這是甚麼原因呢？這種愛到底是為甚麼呢？很多人會用緣份、前世今生去解釋，原來有些人拼命傷害你，你仍然最愛他，當你仍認為這個人很重要時，其實是通過這種所謂愛的盲目

感覺來逃避自己，其實你並不是需要愛這個人，你只是害怕剩下自己一個人，你借他來充塞自己的生命。所謂他對你最重要，只是因為你需要一個伴，你怕孤獨寂寞，你怕不被認同，你自卑，自我否定。你借他逃避成長，更新自己。

原來我們都害怕孤獨，怕更新自己，所以不管他如何虐待你，你還寧願愛他，借此建立存在感，讓自己感到還在愛著一個人，有人能讓你有歸屬感，可以讓你隨時打電話給他，向他說鬼話，感到自己不是一個人。

你最怕的其實不是失去他，而是失去一把回應你的聲音，哪怕是罵你的髒話你也覺得很淒美。

讓我說白一點吧。其實你回答一生中最重要的人是誰時通常會中計，因為你還未搞清楚愛背後更重要、更深層的真相。

大部份人都害怕面對自己，希望借愛的假像來逃避面對。**其實你愛誰，正好反映你的所需和缺失**。你需要錢，他能給你錢，你便覺得很愛他。你怕寂寞，他給你電話號碼，你便認定他愛你，你愛他。你不快樂，他帶你去玩，你便以為這是愛。你愛誰根本不重要，因為你只是借一個他滿足自己的需要和缺失而已。你只當愛情是功利的投資，你的愛完全是為了你自己，因某人能滿足你，你便會好愛他，即使他不能給你甚麼，你也要與他在一起，因為你要借助他來認定你不是一個人。如他不能給你所需，

你是不會與他在一起的，你缺少了甚麼，所以你才需要甚麼；你想逃避，所以你才抓緊一個人，這是所謂愛情最大的誤會，一點也不浪漫感人，是不是很掃興呢？

愛是互相反照的明鏡

愛情和愛是不同層次的。愛情涉及很多計算和慾望，很難有純粹的愛情，只有複雜的關係。這裡我卻想借愛情來深入談愛，因為愛情是進入更大的愛的最佳入口，正因為它充滿慾望，太容易令人迷失，亂性。

人與人之間有能量的交流，所以人與人之間有一種關聯的感覺，這奇特的感覺既親近又疏離，似曾相識，卻生矛盾。看穿了，不外是一面鏡子，反照我們還未看透的自己，那個完整的自己。我們無法靠自己一個人看透自己的一切，但在愛情裡，因為有慾望，要求，幻想和執著，我們的本性有機會原形畢露。愛情根本就是一面鏡，愛情對象是誰並沒有絕對意義，其功能只是反映你某些本性和能量狀態，最明顯的是反映你的情緒狀態，你在愛人面前最願意釋放自己的真面目，脾氣盡出，你於是有機會看到真正的自己。這也解釋了為何愛情關係總是容易令人受傷。有些人喜歡

問愛人是否愛自己，**其實只是反照出他們不知道自己是否愛自己**。因此在愛情裡，我們有機會誠實地面對自己。為何你那麼愛他，因你想透過他來學習去愛這回事，學習補足自己，滿足自己的需要和缺失。

如果你越愛越沮喪，心神恍惚，體弱多病，痛苦不安，那你便知道是你愛錯了方法，用錯了心神，愛的能量出現問題了。我敢保證，問題不可能全在對方身上，不要忘記，對方只是反映了你內在的問題，對方的問題可以影響你，但關鍵還是你為何會被他影響，你缺失了甚麼而讓你的心亂了，能量被干擾了？所以他的問題，最終還是反映你的問題。先處理自己的問題，別管他的問題。為何我的問題不會影響你？因我與你不熟，我們沒有相愛。但愛人的問題會影響你，因為他是直接反映你的明鏡。

愛人是反照我們內在缺失的一面鏡子，所有的緣份都是反映我們生命的鏡子。佛學裡說緣生緣滅，個體都不過是鏡子的反映，所以無須執著形體實相，執著非他不愛的那個他。借愛人反照自己，面對自己，讓自己了解自己，袒露自己的優點和弱點，看到成長、進步的空間，明白生命的意義，學習適應跟最愛的人生離死別，正好便是修養自己，提升生命的機緣。愛，就是這個意思。

愛情的真相是甚麼呢？**就是在鏡中回照自己**，**認清自己之後**，**學習**

放下。其實照來照去只得一個自己。**原來每個人都是孤獨的**，**無法直接看到自己**，**要借別人才能反照自己的倒影**。所以愛並不在外邊，而是內在的聲音，內在的回音，內裡的訴求，提醒我們的需要和缺失，是內在的能量變化活動，是自我調整、自我更新的活動。

愛令人成長。

我們要學懂去愛，必須先返回內心尋找那訴求愛的聲音，那是自愛的前奏。我們要感謝，珍惜所有愛的緣份，不計結局。不斷更新自己，更新愛的能量，感謝它讓我們更了解生死的意義。好的人緣可遇不可求，得來不易，更要好好珍惜。

甚麼才是真愛

愛很難，戀愛的秘密是甚麼呢？這也是我剛提及的有人相信緣份的問題。因緣際遇萍水相逢，不容否定這是一種緣份。但緣份是甚麼？緣份是人與人之間存在的關聯，一種聯繫，能量的交流。所謂成「仁」便是這個意義。能量的交流可以改變我們的一生，包括轉化過去的陰影，更新我們的優點，是優化生命的動力。所以愛情很重要。戀愛教我們如何通過能量的交流達至仁愛的境界，讓生命加添色彩和溫情。

從靈性的角度看，人與人之間的感情交往可以很神聖，愛情可以很神聖。

在個人層面上，戀愛能令我們各自面對、了解、發掘、磨煉自己，甚至是修行，最後是放下自己。很少數人能在愛情中修到放下自己，但這已是戀愛最後的一步了。假如我告訴你戀愛最後的一步不是婚姻，而是學習放下自我，敞開自己，你願意相信嗎？

都說戀愛是最好的修行方式，因為我們借戀愛在對方身上投射自己的慾望，反映自己的缺失、局限和弱點，反映自己真實的人性。所以愛情可以是靈性的。通過對對方的慾望投射，看你自己投射了甚麼，便能如實地反映出你到底是個甚麼人，你得面對它，改善自己。

看清楚自己的慾望，看清楚相愛的真相，我們更應明白一點：你並不應單純為滿足自己的慾望而投入愛，我們和另一個人在一起是要負責任的，要照顧別人的感受，這是愛的必然過程。每段戀愛過程都可以很獨特，因為每個人都很獨特，很複雜，有各自的過去和現在，有各自承受的家庭背景和壓力，還有個人性格上的良莠。戀愛本來便是去體味人生，肯定存在的意義，從自己在獨特的對方身上所投射的獨特慾望，看清楚自己的限制、弱點和人性的真面目，從中學習成長，體驗來此生的意義，也從付出

的過程中學習感恩和自我進步。愛能改變能量，愛是柔軟、富有彈性、創造性的，流動的。愛的滿足感甚至比性愛更深，不需要替代品，不需更換伴侶、對手、形體。

可是大部份人都以為戀愛只是找個深愛的人和他在一起，不再孤單，享受幸福。對，當你和對方都有成熟的愛的能力和意願時，愛是可以提升至享受福樂的理想，可是太多人都看不到福樂，在相處過程中只顧挑剔和要求，老是不知足，盲目往負面關係上糾纏、沉溺和怨懟，犧牲了愛，製造不幸。

所以我們會錯愛。試看「愛」這個字，簡體字看不清楚，要看它原來的繁體字，拆開來是「心」加「受」兩個字，就是說我們要用心來感受愛。錯愛的原因是麻木不仁，以為不再需要愛，或者老是覺得不夠愛。問題不是我們缺乏愛，而是我們缺乏了感受愛的能力。感受不到愛是很可悲的，**大部份的痛苦並不是沒有愛**，**而是感受不到愛，拒絕了愛**。太多的慾望和自我阻擋了愛，所以在愛裡有那麼多傷口和障礙。

愛可以很堅強，但同時也是脆弱的，能量一去很難回復，除非你觀照到，決心去修補缺失的能量。不然就像很多減肥失敗的人一樣，減難增易，反彈很快，灰心得也很快，最後還是會放棄。

愛是個人的修行，借另一個人調校雙方的能量，由自愛開始。

你還等甚麼？當下去愛，去付出。訂一個具體的付出計劃，如何體現你的愛，具體化你的愛。那不是甚麼物質性的付出，可以是很感性的、細膩的一句感謝，一個關心的眼神，或為對方分擔的責任心。為對方多付出一些，為對方的快樂和幸福而付出。

很多人問我**甚麼才是真愛**。我會答，**真愛是超越個人慾望**的，當你愛到不光只為了滿足自己，當你愛到不是只為你自己一個人而活，當你不再執著一個人活或兩個人活的異同時，這份愛是神聖的，是真摯的愛。能這樣去愛，你和愛人都變得完美和圓滿，能這樣去愛，夫復何求？

超越慾望

真愛超越慾望，但我們滿腦子是慾望，怎樣才能超越，該如何面對慾望呢？

人有七情六慾，關於七情，我在《最放不下愛》中「迷失。放不下」一講裡已介紹過，至於六慾，是佛學用語，指人的六種慾望，即色慾、形貌慾、威儀姿態慾、聲音言語慾、細滑慾和人相慾，訖指人的多種慾望。

慾望這東西，很多人一聽到便會馬上否定它，認為慾望是不好的東

西，希望壓抑它，卻不敢正視它。叔本華認為慾望是痛苦的根源，所以否定慾望。小乘佛教也很壓抑慾望，至於基督教、東正教等，更主張禁慾，認為慾望是罪。

正面看待慾望

其實我們可以從正面角度看待慾望，包容它，接受我們是有慾望需要的動物這事實。實際上慾望就像愛人一樣，也是一面鏡子，反映我們的動力和缺失，面對它，管理它，修補它，人便可以轉化它為正面能量。老實說，人若沒有慾望會很可怕，總是提不起勁，甚麼都可有可無，失去興趣和活力，變成一個沒趣味的悶蛋！假如你的愛人甚至對性也失去興致，身體不再敏感，連拖他的手他都沒有反應的話，你將很難跟他有溫度上的交流，你會質疑到底還有沒有跟他愛下去的理由。

在慾望前亂性和失控是人最大的弱點。大部份人都在慾望上糾纏一生，甚至死在慾望裡。慾望一出現，你若控制不住，駕馭不到，便會出狀況。當你為了滿足慾望想要很多東西時，你得消耗很多能量去達到，結果耗損不少精力和資源，最終可能得不償失。

其實說到底，都是「貪」這個字。人有兩大致命的貪慾，不論男女不分年齡，都會沉溺其中難於翻身。一是貪情、貪戀，有人喜歡你，奉承你，寵你愛你，為你付出很多很多，這是難於抗拒的誘惑，你很容易為貪而接受，結果付上沉重的代價。二是貪性，留意這不是男人的專利，在性慾面前男女都同樣貪。別以為女人不貪性，只是貪的方式跟男人不同而已。但重點是，當你萌生貪念時，得花掉很多能量，無法不向外索求更多能量補足所流失的，滿足慾望。因此，假如你是一個慾望很強的人，你會很容易影響身邊的人，尤其是愛你的人。不管你是一個平凡人，聰明人抑或是天才，你的慾望都會影響身邊親近你的人。尤其是天才的慾望可能是最強的，因為只有超強的慾望才能滿足成為天才的條件，包括身體、物質和思想上的慾望。跟慾望強的人戀愛很痛苦，因他們自覺或不自覺地吸蝕你很多能量，他們表面上可能並不需要你付出甚麼，但實際上他們吸取你最大的精神能量，你在他們身邊即使好像沒有做過甚麼，感情上已經疲憊。為何感情上你會覺得很疲累呢？因為你需要承擔他們的慾望。

這樣說來好像不合理，你可以說：「我沒有叫他付出，我有慾望但沒有要他承擔啊。說他被我影響是他自己的問題，大概是他想干預我的慾望勞損了自己吧！」

在一段愛戀關係中，說這種話是不負責任的。即使你能找到最強的

辯理，你還是無法推卸感情的責任。當你帶著滿多的慾望和愛你的人相處時，對方一定受影響，因為能量是互相影響的，愛你的人很自然希望盡能力滿足你的慾望，因為他們認為這是愛的基本表現方式，會用心在生活、物質、情慾、金錢等細節上安排、計劃、提供、付出很多以滿足你，方便你，你在知情或不知情的情況下吸取了對方很多很多的能量。當對方還能承擔時，或者當你的慾望還不致失控時，你們之間還能表面過得和諧協調，**但當你縱慾失控時**，**你將無可避免地剝削最愛你的人**，你所散發的能量不再朝向互動和雙向，也不是能提升自己的優化能量，對方的潛意識是很敏感的，在感情上繼續付出的同時，情緒上則容易受傷和難受，因為他會質疑自己的價值和能力，為何愛你卻無法滿足你，讓你快樂。這是愛情關係中最大的矛盾之一：你正在剝削最愛你的人的能量！

慾望跟愛情一樣，反映你的需要和缺失，而你需要向外追求以滿足自己。在這層次上的愛只是慾望的投射，沒有靈性的追求。

慾望本身可以是正面的推動力，修補我們的缺失，當變成管理失調的縱慾問題時，才是煩惱或禍害。

我有一位女性受療者，因為丈夫背著她嫖妓，被拆穿後還死口不認，結果她由原來對他無條件的愛，變成渴求他為她放棄和改過的慾望，迫丈

夫時刻要向她報告行蹤，杯弓蛇影，對丈夫越來越失去信任，最終情緒失控失常，到廚房取刀指嚇他，聲稱要同歸於盡。愛變成慾望，慾望不達而變成暴力，這是很多戀愛的悲劇。也有另一位女客户，因為得不到男友保證百份百只愛她一個，她無法接受，一怒下想到下毒毒死他。結果計劃失敗，後來我問她是否後悔這樣做，她想了想居然答沒有。當我們合理化自己的慾望時會罔顧道德，甚至喪心病狂而不自知。

必須再次強調慾望本身沒有問題，只是當我們被慾望蒙蔽時，代價便是失去自覺能力，變成慾望的奴隸，這才是最可悲的。

慾望是無法被完全滿足的，滿足的一剎那同時也是下一個不滿足的開始。慣於放縱慾望，懶於管控慾望的人很難付出愛。**縱慾的人很難付出正面的愛**，因為當你縱慾時，你將缺失能量，那又如何把能量留給別人，為所愛的人付出呢？即使你能付出，愛的能量肯定不可能是優質的。你除了剝削對方的愛外，亦無可避免地傷害對方。像蠍子背青蛙過河的故事，蠍子求青蛙背它過河，保證不會毒害它，青蛙心軟背它過去，可蠍子還是刺死了青蛙，說對不起，我也不想這樣，可這是我的本性。無法管控慾望的人就像蠍子一樣，無法自控地傷害愛你的人，叫他為你犧牲。因為慾望，因為懦弱，因為失去自己，你成為慾望的奴隸。

不要從道德角度來判斷慾望問題，更不要以禁慾去處理慾望問題。

你要知道當能量無法協調好時，慾望很容易令你淪為愛的強盜或乞丐，你會搶奪，或者乞討，即使你表面上蠻有成就，德高望重，又或者你將慾望收藏得很好，但當你成為慾望的奴隸時，你會感到很悲哀，因你已人格失控，成為慾望的癮君子。

縱慾能干擾愛的能量和自省能力，虛耗精力，管理失調的話，你將無法付出，你將愛得軟弱無力、可憐甚至可恥。

任何人都會受慾望影響，讓能量受到干擾。慾望來時，你失去自主，想要這些又想要那些，你打擾了自己，致使能量分配不平衡。這是很現實的問題：人的能量有限，滿足了這個便沒法滿足另一個，正如花心的人可以同時愛很多人，但極少能同時滿足每個愛人。在這個意義上，你不能容忍伴侶對你不忠，也是有依據的。

剛才我問過：你曾為對方具體地付出過甚麼？你如何具體地愛對方？

愛和性若是運行得宜，能補充和增進我們的能量，相反，若貪戀貪性，貪慾便會極大地耗損能量，你將無法從中得到滿足和真正的喜悅，你只會貪得無厭，浸淫在情慾橫流的心癮中，無法兼顧那麼多段感情關係，你只能霸道地欺壓對方，蠶蝕對方的能量，所以在你身邊的人都很痛苦。

大部份慾望問題都不是道德問題，而是能量分配不平衡的結果，是能力不逮的問題，是花不起的問題，往往不只影響你一個人，所以慾望容易變成傷害。因此我們要學習管理慾望。

管理vs壓抑

慾望和愛息息相關，是自我管理的問題，如果我們管理好自己，愛慾便流暢自如沒有問題。可是，直接管理慾望是困難的，因為人有弱點，有惰性，都貪求舒服，不願意付出。因此若我們直接管治自己的慾望，往往都會失敗，最後走向兩條路：一是壓抑和否定，二是放棄和放縱。壓抑從來不是正面的自療方法，那該怎麼辦呢？

建議可以試從愛入手管理慾望。啊，不是說過愛很容易變成慾望嗎？還要用愛管理慾望？

我們必須走到問題的核心才能徹底解決問題。慾望的問題是能量流失和失控，要穩定能量避免流失，先要安定心神，感受正面的能量。剛才已說過，愛是調校戀愛雙方能量的修行方式，能改變能量，若我們打開愛

的門檻，愛所帶來的滿足和喜悅比縱慾所得的滿足感更深刻長久，無須再尋找替代品。

愛是平衡慾望的最優化入口。

假如你懷著關愛的心，希望調校自己的能量，讓自己更懂得愛，更平穩快樂，不再剝削身邊愛你的人的話，你可以選擇走向愛的道路。慾望是滿足自己的，有很強的自我中心觀念，要管理慾望，先學習稍稍放下自我，先從愛開始，與其先想到自己，不如先由滿足你愛的人開始。注意這不是指你要盲目地滿足戀人一切即使是不合理的慾望，若是這樣的話，你便是縱慾的幫兇，而非慾望管理員。可以這樣想：我們可否先合理地滿足別人，可否先關懷別人？當我們擁有慾望而不希望淪為縱慾，失去自己時，**我們可否先關懷別人**，**先為人家付出**呢？注意千萬別流於盲目，很多人尤其是女人，容易為了滿足自己佔有愛的慾望而無條件盲目付出，結果演變成斤斤計較，埋怨自己付出了很多卻得不到回報。

重要是量力而為，大方自足。**不知足的人才會縱慾**。

問自己：在你每刻所想的事情中，為自己著想的佔多，還是為別人設想的佔多呢？這是很值得思索的問題。你每刻所想的有多少是為別人安排，為人著想，為人付出的呢？又有多少純為自己的利益呢？我們不要道

德的評價，這些問題只是幫助你檢查自己所付出的到底有多少是盲目的，有多少是無條件的，有多少是計較的，有多少是量力而為的。

成熟的人應該懂得找對自我檢閱的方法，不致錯愛，勞損能量，迷失自己。你可以為情付出，你可以盡情去愛，但要明白愛到哪個程度才足夠，才知道不會錯愛，或斤斤計較。要知道自己愛到怎樣才算沒有錯，沒有過份，沒有太過自私，要先衡量不要超出自己可承擔的能力。私慾跟愛是不同的，前者是投放得越多越助長自我，越容易縱慾。這方面男人比女人強，而女人天生需要付出和愛，容易過於為他人著想和付出，流失能量。成長的責任，就是學習保存能量，管理自己。

出走：面對關口，尋找出口

我一開始便談生命的意義，人在面對生死愛慾的問題時需要尋找出口和路向，透過這一路向學會如何自處和自愛。

出走是面對成長，更新自己，變得成熟的一種好的方式。要變得成熟其實有很多方法，我喜歡出走，因為它是流動的能量，不是純粹的思考，出走的本質必然是行動。大部份問題都是能量閉塞和自困的結果，出走打開新陳代謝積極的一頁。

因為我們對自己不了解，無從掌握和管治得宜，所以我們以為愛情是出路，滿足慾望是答案，於是我們會不斷要求別人，不住製造慾望。慾望是我們希望別人彌補我們的缺失的能量流動反應，但這希冀不可能解決問題。我們的問題是不知如何自處，不知如何面對自己，亦失去了自己。愛情、縱慾只是短暫和片面的工具，我們必須讓能量流動，打破自困的死局。把自己長期困在某個地方，某個思想的角落，我們將變得麻木不仁，失去感受愛的能力，也失去對愛的信心，我們將不再相信任何人，包括我們自己。我們可以在工作、感情、情緒、思想、慾望上困住自己，但必須找到出口，辦法之一就是心靈的出走。

別誤會出走的意思。出走並不是任性妄為，不負責任的行為。我一開始時便說過，出走是人面對生死愛慾問題時的一個出口和路向，透過此路向學會如何自處和自愛。所以，我所指的出走是走向心靈成長，走向自愛和自處的過程，條件是必須下定決心，承擔選擇的後果，義無反顧。

決心離開能量封閉的人和地方，出走到另一個天地，我們的眼睛才會張開，呼吸將不再一樣，腦筋會受到新鮮世界的刺激而清醒，過去才成為一個休止符，整個身體和心靈才有機會得到前所未有的歇息和更新。

出走到一處從未去過的地方，打破日常生活規律的慣性，做個全

新的自己，走上未知的軌跡，喚醒麻木不仁的感官，讓生命接收無限可能性。放下生死愛慾的執著，改寫自己的命途。這不是天方夜譚，這是每個人都有能力實現的夢想。

出走的意義

出走最重要的意義是轉化、轉動能量。你若站著不動，能量也不會動，你坐著不動，體內的氣血也會運行不通，導致臀部大，肚皮大，下肢腫脹，呵，都是你最害怕的身形。所以，你需要換換氣。

正如當你從一個密封的屋子如班房、會議室走到外邊小憩一會，回去時馬上察覺室內的溫度有異，氣味有異，之前你一直留在裡面時是發覺不到的，因為人是適應力快的動物，在某個地方逗留久了，五官會很快調校自己去適應它。因此你便失去察覺變異的能力，分不出好壞，變得習慣、懶惰、麻木，失去覺知能力，甚至將慣性變成絕對價值觀，忘記了更新自己。

在我的小說《出走年代》裡最後有幾句忠告，其中一句便是「我們應該定期出走，有益身心」。這就是說，如果你能定期離開慣處之地一段時間，才有空間反省到底某個人對你是愛還是害，自己到底有沒有走錯路，

還有甚麼不滿或希望。若你只困住自己，單靠不斷思考以為可以解決問題，處理情感和壓抑，你只會達至盲目的看法和想法。出走再回來，你將發現想法改變了，這便是能量的改變。同樣地，假如某個地方的能量欠佳的話，你會感到不舒服，總是想離去，繼續逗留下去也是沒意思的。

出走的真正意義和目的，其實**是為了好好回家**，**回歸自己**，而**非遠離自己**。我們對出走都有誤解，以為只是不顧一切那種「不喜歡便走」的任性。其實出走是要講計劃，甚至講質素的。當你想出走時，你帶著甚麼質素離開，你的能量便會隨之改變，甚至改變這個世界。當你看到某個地方的氣場出現問題時，你會馬上想離開，走遠一點。

你要出走到不同的地方，才能回望看清楚自己曾經困在哪裡，哪個窒息的方位，感受到內心的混亂，就像你坐在飛機上，譬如在香港上空往下望，你才可以將整個香港看清楚，假如你只是站在旺角街頭，你能看到的只是一排排透不過氣的商店。也像運程一樣，它根本不是甚麼神秘的東西，只是當你轉一轉，回望時你便更清晰。從醫學上也可以這樣去理解我們的生理：當你啟動了感官細胞的敏感度，你的觀感便會改變。正如剛才那個出外小休返回來的例子一樣，回來後才發現原來室內的氣味是這樣的，溫度是這樣的，還在裡面時是麻木地認受，接收和和應的，其實是感覺變得遲鈍了，感覺不到周遭細微的變化。所以我在治療時會教客户開啟自己沉睡的感官，慢慢調校對細微感覺的感應。這是自我更新的重要一步，因

為如果你不能感受細微的感覺，你將很難跟別人深入了解和溝通，你也很難對別人對世界作出合情合理的要求，你能怎樣要求呢，你連自己也感受不到啊。你感覺不到對方的心，你怎麼去愛對方？你感受不到前路的可能性，怎能活得有希望，有進步？你連自己的心也感受不到，難怪活到麻木不仁，無法自愛和他愛。

當你準備去愛一個人時也得面對同樣的問題。如果你不夠細緻，粗枝大葉，就只能盲目地愛對方，然後糊塗地遷就，迎合，奉承和犧牲，以為這就是為最愛而付出。其實你很傻，根本無法察覺對方真正的需要是甚麼，你所做的可能根本不是他需要的，待他無法給你期待的反應時你便抱怨，問為何你為他做了那麼多還不能感動他，他還是不領情，不愛你。這叫好心做壞事，都是我們錯用能量的結果。

所以我們要啟動細胞的敏感度，讓它保持處於年輕更新的狀態。這就是心靈出走的意義。

怕老怕死的人，如果能出走更新自己，便不再害怕了。多走兩步身體好，不要先從理性説服自己，要待一切都搞清楚，明白透徹才行動，尤其是當你長期處於不動狀態下，你的價值觀和想法早已生銹，你得不問為何要出外走走，換換氣，先走出去，不要執著目的和方法等。很多時候我們都想著人要先找到人生目標才行動，或者假設在某種原因和條件下才會

去愛人，才會付出。理性是需要的，謹慎是需要的，但不能思前想後猶疑太久，總不能找個最完美的地方才呼吸，也總不能找到最完美的人才戀愛。

世上沒有一本天書能告訴你哪份工作最適合你，哪個人是你的真命天子，你的專長是甚麼，你的喜好應該是哪些。坊間不負責任的命理書籍可能會告訴你這些，每年替你更新一次運程，讓你跟著走，像浮士德一樣把自己的靈魂出賣，讓其他人替你安排命運，行程和生活。人生目標、興趣、工作、愛情，都是行程中的風景，是靠自己一步一步走出來的路，是在出走路上的標記，而不在你幻想得到的人生藏寶圖。走吧，向前走，莫回頭，在你身邊擦過的緣份，遇見的人，甚至只是一花一草，全都是你的鏡。緣份是鏡，反映你的需要和缺失，一點一滴積累成一個較完整的你，一個成熟、豐富、充滿可能性、在途上的你。重要的是你要走出這一步，不要原地踏步以為已經走得很遠很疲累。

能出走的你將不害怕老，不害怕死亡，會忘記自己的年齡，歲數對你而言已經完全不重要了，你會看起來很年輕，永遠像孩子一樣充滿活力和鬼主意，大膽、開放、精力充沛。你知道為何小孩子都那樣可愛嗎？正因為他們透過捉弄人，好動好玩，讓自己無條件地快樂，讓人生得到最正面的能量，所以孩子的要求單純，很容易滿足。人越大越不易滿足，回想以往單純的滿足感會心酸，慨歎自己變得複雜、沒有安全感，失去活下去的生趣。

因為出走是認真、理智和自愛決定，所以必須符合一定的條件才算成功，達到自我更新的目的。隨便出外旅行那種走法只能算是散散心，離真正的心靈出走還很遠，因為散心沒有洗心革面的決志，沒有自療的目的，當然那也不壞，問題是在能量的提升方面效果便大不同了。出走是轉換能量的重要過程，首先你要很清晰地問自己正在做甚麼，你要有決心放下現在的一切，這需要勇氣。出走是面對自己的過程，不是出外散心一會兒的事兒。反而我們得清楚一點：**出走不能散心**，人之所以心亂，正是因為失去重心，心散不定。所以**出走是為了取回重心**，在出走過程中，你變得很敏感，把際遇、緣份看作鏡子，反照自己，觀看別人。

出走訓練你狠心放下。

人最大的痛苦之一便是無法放下。你得把心一橫，立志放下一切。走得不徹底是沒用的，一定要拋下一切才可以離開。放下你的過去，放不下便不要走。

正如分手、離婚、一段關係的結束，你得量力而為，不能感情用事。後者的動力不是因為愛，而是逃避，拖延，死守，執著，結果一成不變，故步自封。必須走得灑脫點，不要回頭，不要讓慣性支配你。已分手

的，還習慣去偷查對方的電郵，明明已決定不聽對方的電話，不再打電話給對方，但結果呢，你全部做了，因為你已習慣了，這是你還想佔有他的慾望，甚至是心癮。你不願意拋下一切離開，問題始終會回頭，歷史不斷重複，甚麼都沒有改變。記住這不是愛，這只是慣性的慾望。

帶著負面能量的慣性是害人的。因為你已發霉，發臭，不再新鮮，像過期食物一樣叫人嘔心，發病。出走讓你變得敏感，你會察覺自己每一個念頭或感受，抱著覺知觀看自己，你才可以向自己負責任。一個成熟的人要向自己所有發生過的事情負責任，但這並不容易，因為你連自己正在做甚麼都不自知，所以我們一定要管理好自己，才能獲得真正的平靜，把心安定下來，做個冷靜人。你可以帶著熱情和感情，同時你可以很冷靜，不會錯愛，不會過份付出，不會超出能力範圍去承擔。

出走是遠離慣性，**重組生命的旅程**。

出走是不能兒戲的，必須有周詳的**計劃**。不要衝動，**出走是訓練冷靜的過程**，你得計劃往哪裡去，預算要花多少錢，如何籌得這筆錢，放下一切需要交代甚麼，如何安排善後，所謂出走要狠心不只是情感的反應，更是安排和管理的學問。出走是訓練為實現理想奮鬥的過程，你得按出走所需的財政預算努力儲錢，出走令你成為一個有計劃的人，令你由虛無主義、理想主義、完美主義變得實幹、實在、扎實。**出走讓你重返原始的求生勞動**，**做回一個簡單的**，**勞動的人**，**而非虛幻無章的思想遊子**。

出走的目的地是新地方，新環境，可重點根本不在此。陶淵明說：心遠地自偏。到哪裡都可以，關鍵是你的心。出走是朝向靜心的路，而非散心旅行編排滿滿的行程。你最好一個人走，不要找伴侶。出走是學習獨立的過程，你不能再倚賴別人，你是和自己去旅行，到自己的內心探索，發掘，承認和接受。不要走進人群裡，走進內心更重要。一個人上路，打開感官，多看多感覺，多問少回答，讓新打開的眼睛、耳朵和感官給你最原始新鮮的啟示，這就是你的答案。

記住你不是到另一個地方做文化交流，你是跟自己交流。不要怕寂寞而馬上結識新朋友。你要一個人走，這不是換朋友或新環境的旅程，不然你只是走回頭路，即使你重新認識一班朋友，甚至換上新戀人，你的心還未更新，歷史只會再重現，惡性循環，一切都沒有改變。正如剛失戀便馬上找個新戀人，結果更快再度分手，痛上加痛。當然不是叫你抗拒交友，但別忘記出走的目的：靜觀內在的變化，啟動自己。你要張開眼耳去聽和去看所有發生的，你可能會不住湧現很多問題。我有一個秘訣要給你，你儘管多問但少回答，不要一問一答，因為一問一答是過去的自己，你慣性的思維模式，你的答案都是預設的結果，這樣無法改變自己。你可以敏感地去看很多事，你可以多問自己，為何在這裡走，為何現在這樣孤獨，為何仍然不開心，這些都是你慣性的，否定自己的問題，你可以問，但要覺知自己正在問，讓自己問，但你沒有義務回答。讓它自言自語便足夠，不要被它吸納能量。

出走是流動的，有能力的話到遠一點的地方，聽不同言語，身處不同的空間，呼吸氧氣含量不同的空氣，飲成份不同的水，這是我的出走經驗。原來當感官變得細膩和敏銳，到不同地方飲不同的水，即使一口清水也可以感動自己，感到生命的美麗，讓內心湧現喜悅。原來放下是可以的，原來世上別有天地，原來以為只有一條絕路現在海闊天空，原來執著的現在放開了，不再計較失戀、人生目的、榮譽名利。迎面而來的一陣風，一個陌生人的微笑，已讓你感受生命的奇跡，叫你讚歎。

出走不是由一個地方搬去另一個地方，而是由一個階段、一種思維流動到另一個時空，是成長的過程，就像禪修，是徹底放下過去，打開新感官的機會。

出走是為回來，回歸自己，不再麻木不仁。

出走的過程就是改變，能改變的，都不宜預先下定論，總有想像以外的可能性。

出走不是逃離，而是**面對**。

你會在出走過程中賺取經驗。每件事、每個人的出現都會變成你的新資源、新籌碼、新資本，你將變得富有，可能衍生意想不到的結果。出

走不是要先定下目標，出走就是了。

其實所謂出走，就是放下。

出走是生命中一個重要的決定。每個人一生起碼要出走一次，徹徹底底地更新自己的生活，這是對人生的一種責任。不運動自己，你將不斷老化。

你應像泉水一樣，保持新鮮和活力。

你最好將自己化成流水，化成泉湧，不斷流動，不斷更新自己。不要害怕改變，變是好事，不變便會像死水，也不用執著追求甚麼人生目標，我只可以說，**人生唯一的意義就是不斷更新目標**，你可以尋找，但不要泥執和固定下來，正如戀愛一樣，你要不斷更新你的愛，我說的不是對象，對象並不重要，我是說更新愛的質素，那你才知道你愛甚麼，如何去愛。

出走是更新命運的開端，是你和自己分裂的另一半重新整合的機遇。（關於整合另一半的討論，請參考同系著作《最放不下愛》第一章「誰是另一半」。）

靜心的方法

靜心＝內在協調

很多人追求靜心的方法，求定、求靜，追求成佛，追求空性，變得越來越玄，結果一事無成。但我建議不要追求這些，因為這些追求只會製造壓力，變相製造另一種慾望。

我們追求的是返回內心，尋求內在的協調。

很多人以為靜心就是把思想停下來，所以不斷在坐禪或做瑜伽時努力令自己平靜下來，去掉思想，以為停止思想活動就是目的，結果製造更大的心理壓力。沒有人能停止一切思想，這個追求不切實際，也違反腦結構的自然狀態。記住，**我們追求的不是停止思想，而是平穩思想**，**集中意念**，**不被思緒干擾情緒**，**找到屬於自己的內在節奏**(tempo)**和韻律**(rhythm)。

生命最初發展的是心臟，心的重要功能是表達和平衡我們的情緒，情感和慾望。尋求內在的節奏和韻律的目的，是配合我們最原始的腦幹結構，即爬蟲腦(reptile brain)，它是最原始的，連最簡單的爬蟲類動物也有

的腦結構，它繞過情感和理智，是最純粹生理功能的腦組織，**它對思想不感興趣**，**只對節奏和韻律有反應**，**在重複的節奏中進入安定、安穩的狀態**，**讓我們放鬆下來**，**感覺良好**。原始人發展擊鼓、祭祀，禱告等，都有很強的音樂性元素，能達到部族集體催眠和舒緩的效用，能安定民心。這個啟示告訴我們，要安靜自己的心，平定情緒，進入靜心的狀態，音樂和節奏是很好的入口。

想把心定下來，可以先尋找一把內在的聲音，能叫你放鬆、純粹跟著節拍走的韻律。你甚至可以詮釋為上帝的召喚(call)，但重點不在話語，而在韻律。我稱之為尋找內在的音樂和旋律，就像聲樂中的歌唱性

(cantabile)和共鳴效果，也像我喜歡的尺八(shakuhachi)聲音一樣，超越音樂，超越語言。所以，很多宗教會借著誦經、集體祈禱來達至內心平靜，有人聽簡單的純音樂可以很快平靜下來，所謂音樂能怡情養性便是這個效果。有研究證明聽著巴哈音樂的植物比沒聽著的更能健康茁壯成長。

你可以找一個適合自己的節拍，你不用是個音樂家，你甚至不需要懂得任何樂器，你只要懂得打拍子，在大腿上左右左右的輕輕拍打，在走路時注意節奏，細數一、二、三、四，一、二、三、四等，甚至配合你喜歡的音樂，一邊聽一邊跟著節奏寫字，溫習，養成習慣，以節奏主導內心，而非思想。內在的節奏助你繞過複雜糾纏的思維，讓你變得純粹、簡單起

來，進入自我催眠、放鬆的狀態。每當你心亂時，馬上打拍子，身體輕輕跟著節拍舞動。這是很簡單的靜心方法，卻非常有效，因為它抗衡你最害怕的無常，無論世事有多變幻，你總能輕易返回內心那簡單的節奏，穩定自己的情緒，這方法尤其適合容易緊張、害怕和沒自信的人。

每個人都有獨特的內在節奏(tempo)，你細心聆聽自己，進入自己的身體，試著跟自己的心跳節拍共舞，便能找到內在的協調，和自己融和，這是平靜的源頭。所謂靜心不是停止思想，而是找回內在的節奏，接通內在原始簡單的身心靈的最優化狀態。換句話說，靜心其實並不是靜止狀態，反而是出走狀態，換一種活動的方式，舞動細胞，重整自己。透過重複和向內伸延的禱告方式，進入爬蟲腦甚至潛意識的放鬆狀態，令人忘記因自我意識而產生的恐懼不安，接通內在最神秘的地方。

靜心元素：肯定內在神聖

另外，很多人在追求靜心時往往會忽略一點，就是「神聖」。很多人利用宗教、瑜伽、音樂等方法平靜內心，可就是不懂享受欣賞自己本身的人性，內在本身已有的資源，這些資源能散發人的「神聖」。「神聖」是很重要的。當你進入定心的狀態，最終的目的原來是認出自己內裡的神

聖多於其他一切。定心只是手段，目的卻不是求定，否則也不外是另一種執著。當我們說要去平靜自己時，其實是指尋找內在的聲音，進入最深邃最神聖的空間，在那裡你將感到當下的存在是神聖的，不在意人的限制和缺陷，此刻的你超越了自己，不再想自己應如何如何，或希望自己應變成怎樣怎樣，而是純粹專注感覺內心的安定，此時此刻這個空間，你變成神聖，這樣你才能愛你自己。

「神聖」並不是說你要變成一個聖人、上帝或佛陀，而是透過接受自己此刻的人性看到生命的神聖，看懂甚麼才是真、善、美和愛，你才有能力看到別人的神聖和美善，不然，你只會糾纏在執著裡，只看到別人的惡。別人正是一面鏡，你看到別人的不好，反照回來，你同樣看到自己的不足，難於接受自己。我希望大家重視自己的神聖本質。首先你要去愛，要去愛人性上的一切，接受自己，你將變得神聖美麗，人生的價值才有提升的餘地，這正回應我們最初談及所謂生命意義的問題。

那到底內在的神聖是指甚麼呢？那是**人內在既有的慈悲**。

你要相信生命的結構已經很完美，已是一個佛，你本身已是一個完美的境界。正如不管你怎樣虐待自己，如何不愛自己，你的心臟也沒有因而停止活動，你的腦、手腳還繼續運作，你的身體從來沒有離棄你，默默

地為你做很多事，你可否留意到呢？如果你問甚麼是愛，第一個答案就是你的身體，你的生命。你要感謝自己的身體，因為它從來沒有因為你的自我放棄而放棄你。這是真正偉大的愛。

內在的神性一直守護著你，你做過甚麼都接受你，沒有停止愛你，像你的心一樣跳動，養活你，給你滋潤。這是內在的慈悲。

我和拍檔舉辦過一個情感自強的課程，其中一個環節是帶領同學做一個自我催眠的練習，讓大家回歸各自內在的神聖空間。其中一位同學後來跟大家分享説看到自己內心打開了，裡面原來很美，有藍天白雲，還有很多小朋友在草地上玩樂。她的心在召喚她，叫她進去，進入自己的心裡，但她卻膽怯不敢進入，雖然如此，她的心還是不斷邀請她進入，告訴她「心」才是最快樂，最安全的地方。你看，原來我們的心是最無私的，擁有最多愛，最開放的地方，對我們不嫌不棄，不在乎我們的歷史、弱點、脾氣、過去現在和未來，純粹地接受我們，付出愛。可是這位同學仍然不敢進入，因為她當時正值失戀受到情緒困擾，無法接受自己，否定自己，不願意原諒自己。

這個例子很富戲劇性：當你面對自己的心時，心會很包容很開放地邀請你，給你最好的愛，可是你卻拒絕了。瞧，大部份時間你都在拒絕你

自己，而不是別人拒絕你。大部份時間你都在拒絕對你好的能源，但你的心仍然不打算放棄你，依然待你好，包容你，繼續運作供養你。所以你要感激自己的心，因「她」一直在守護著你。如果你是以找一個愛人來守護自己作為人生目標，卻埋怨老是不幸找不到的話，那你真是個負心人，因你忘記了真正對你不離不棄的，從來是你自己的心。心才是你內在最神聖無私的聖境。

不要急於去模仿做一個聖人，不要刻意追求達到甚麼「靜心」、「空性」、「成佛」、「成道」等聽上去很神聖超越的化境，當你還在努力否定自己的人性，無法接受自己作為一個人時，你根本沒有資格和能力看到內在的神聖，更遑論成佛成仙了。

先活好當下，成為一個「人」。「神聖」的英文是holy，其字根是古英語hAL，有完整、健全、整體的意思。神聖是人和自己內在的健全整合。或者說，是和我們的潛意識溝通、整合的意思，並不需要形而上地有一個全能的神。後者是宗教，涉及詮釋論述的文化和歷史性限制，不一定能返回唯一的神聖。

先接受人性，提升心性，便能呈現神聖。從神聖的慈悲中愛人性的一切，讓自己變得透明，讓一切流動、進出。你要出走你自己的心，更新

它，**才能擁抱你的一切**。

每個人都是神聖的，有神聖的本能和條件。佛性、神聖早已在我們體內，無須外求。

從成仁開始愛自己。成仁是甚麼意思呢？即是你可以與人共行，分享愛，這是緣份，能量互相的交往，是一面互相反照的鏡。透過和別人在一起，才可以反映自己，做好自己。有讀者來信說自己信佛教，但伴侶卻信基督教，怎麼辦？如何令對方改變呢？也有讀者說自己是基督徒，所以必須要找基督徒做伴侶才妥當。信仰是自由的，神聖是共容的，不容獨家、排斥的偽善。當你否定作為一個人時，你便想成為一個神，追求神聖，而不是「呈現」神聖，這是荒謬的，也是虛偽的。

最能散發神聖的人，都不需要穿上某某門徒的衣裳。你用腦袋去信仰，結果背馱了很多憂慮和恐懼，害怕比愛更主導。要做門徒的話，做最簡單的事就行了：耶穌做過甚麼，你跟著去做，去寬恕，拯救妓女，愛異教徒。當你還無法修得如此胸襟時，你還未算是個合格的信徒，那就不要劃分別人，否定別人了。

太多人不知自己信著甚麼，無法認真地信，堅強地信，無私地信，

你怎能看到自己的神聖在哪裡？大部份人其實將神當成鬼，正如之前我舉過那個「撞鬼」的例子一樣，所謂鬼，本來就是你壓抑的自己。來找我治療的人，有很多都是有強烈的宗教信仰，卻充滿焦慮和恐慌，因為他們沒有活在神聖內，反而活在追求神聖的壓力下，無法將信仰正面地感染別人，無法見證，這樣的信仰是無力的。你得尋找內在的神聖空間，先相信你自己，才有能力相信別人。

先做好一個人，接受人的一切，你才有機會瞥見神聖。關鍵，在乎你是否把心打開，走進去。

做回你自己，**成為你自己**，**沒有甚麼比這種愛更謙遜**，**更有力量**。

觀照＝保持覺知

學習觀照自己，容易達到靜心。

觀照是甚麼意思呢？你要保持覺知，很細微地察覺自己正在想甚麼，做甚麼。有個很好的方法大家可以試試看。先**內斂眼神**，即是眼睛沒有對象，稍向下方凝神望向丹田的位置，將心神全集中在丹田那裡。（不懂的話，留意貓在養息時的禪定眼神你便清楚了。）不要閉上眼睛，因為閉眼其實也是在看東西的，沒有真正閉上。**內斂眼神**，留守丹田的位置，很容易能找到一個定點，就在那個點上安定自己，腦袋不會亂遊蕩。當你能定下來便不可能想其他事情，但這不意味著停止活動，你還是流動的，因為同時你要注意丹田呼吸的節奏，尋找內在的聲音和韻律。這樣的你能保持清醒，覺知，能觀照自己。

為甚麼要眼睛向下方望，而不是望向其他地方呢？原來不同的視點位置代表不同的感官活動。眼睛向上看代表你在回憶，尋找概念、主觀意願的影像記憶。記住，一切記憶都是主觀的投射，從科學角度理解的話，就是指記憶體抽取情感上類似的影像與當下的視覺神經元匯合，讓你以為真的看到你想看到的。所以，記憶的影像和感覺可以很真實，卻可以與事實無關，更多是假像而已。靠記憶達到定心和靜心是不可能的，只會越想越亂。向左右方位看代表你在聆聽，在細心注意外間的動靜，但也未能純粹注意你自己的內心。只有將眼神內斂，把眼睛或意識重心放在丹田，你才能馬上收斂心神，回歸內在空間。

除了收斂眼神外，你還可以隨時隨地注意**內在的節奏**：注意呼吸的節奏，走路時的節奏，飲食時的節奏(有助消化和減肥)，說話時的節奏，做愛時的節奏，抽煙時的節奏，罵人時的節奏，埋怨、彈琴、飲酒、一切活動的節奏。看著自己，觀照自己。你將很快返回覺知，看透自己所思所行，不再糊塗。這樣的你，很快便能安定、靜心。

心靜下來，便能掌握覺知。

覺知為何重要？道理很簡單，就如當小偷覺知到自己所為時，他不會再偷東西；當色狼覺知到自己時，他不會去強姦傷害別人；當肥胖的人覺知到自己時，他不會去亂吃；當縱慾的人覺知自己時，他會把慾望轉化為強化意志的能量；當失戀的人覺知到自己時，他不會再跟前任情人糾纏變得醜陋討厭，當靈修的人覺知自己的言行，便不會墮入扮演聖人的陷阱。人為何會痛苦？因為覺知系統關閉了，令人失去自己，影響他人。保持覺知，任何事情於你便無可無不可。不拘泥於道德，亦無須自我抑壓。你開始懂得管理自己，而不需時刻苦惱應該放縱還是抑壓。怡然自得，Just Be。

覺知是你最好的守護者，**保存人的尊嚴**。**人最大的尊嚴**，**並不是別人給你多少錢**，**多少面子**，**而是懂得覺知**。**人最大的神聖正是覺知**。覺知讓你滿足於成為你自己，成為一個不強求意義也能怡然自得活下去的人，滿足於生命。覺知讓我們感受自己內在的美麗，覺知是愛的入口。

人最大的尊嚴和神聖是覺知，**讓你得到最大的自由**。**這是愛的核心**。

化＝讓它進來、出去

靜心的路有很多，觀照、保持覺知，出走，內在節奏，神聖空間……我再分享另一個方法，就是做個會「化」人。

「化」是甚麼意思呢？化是轉化能量的意思，鍛煉心胸，學習放下。

人說「看化了」是悲觀和消極的，對生命不再有熱量，我所指的「化」卻是積極正面的。有轉化才有轉機，有轉機才可面對變化，改變自己，才不會自困。**學習轉化就是學習如何管理自己面對變化的能力，換上正面的能量**。

我們放不下，抑壓著，能量閉塞，所以無法適應內外的變化，影響情緒和心志。情緒其實是一種具體的能量，是在身體某些特定部位如胃、胸口等流動的具體感覺。如果你比它走得快，及時覺知它，它便不一定會以慣常的形式爆發出來。一直保持覺知的話，你能將負面的能量轉化成正面的能量。

轉化能量有很多方法，最直接的是從氣入手，從身體入手，不要單從思想出發。這也是更新自己的方法。學習將氣回歸丹田。人有兩種氣，一種是清氣，一種是濁氣，我們要將濁氣下沉，清氣就會上升，人便會健康，所謂「通氣」。氣不堵塞便能疏通，便能通情達理。人是踏在地上的動物，踏在地上，將不好的氣下沉，好的氣便提升，這是一個循環。可以試著這樣做：想像將氣下沉至腳底中央，即湧泉穴那個地方，讓清氣自然上升。別老是坐在電腦前不動，坐久了便起來站樁，運一下氣，把能量轉化一下，頂天立地，打通內在的空間和胸襟，你將捨得放下。

假如你是個善於以視像來思考的人，你可以想像身體就是光，很溫柔的光，讓光徐然在丹田的位置發亮，溫暖自己。或者，讓自己進入自我

催眠的狀態，想像讓自己最舒服和開心的東西，譬如寵物、棉花、藍天白雲、陽光海灘，甚至是你對愛人的愛等等，讓自己感到關愛、溫情，把這感覺好好放在心胸和丹田的位置，每天找一個時間放下工作，靜靜一個人進入這個內在神聖安全的空間，給自己充電，補充正面的能量。

還有一個方法，我稱之為let in，就是「讓它進來」的意思。

要讓甚麼進來呢？是要讓你一直最害怕，最想逃避的東西。這個練習教你面對自己的弱點，找到定心的位置。讓自己面對最害怕的東西，例如病痛、失戀、失眠、黑暗、貧窮、孤獨……不要逃避，勇敢面對一切你希望逃避的。例如，勇敢面對他的缺點，正如較早前談過，對方只是反映你的鏡子，你能面對他，便能面對自己。讓你最害怕的進入心裡，用剛才教你的方法，把它溫柔地徐然放進心裡，腹裡，不要否定它，而是轉化它，照顧它，關懷它，接受它，正如你學習接受自己的一切一樣。讓自己變得透明，讓一切穿過自己，不留，看著，流動，它便會離去，還你自由。讓你最害怕的進入自己的心，把它溫柔地溶解，不抗衡，不否定，變成你生命的一部份，讓它自然流失。

大部份治療方法，尤其是西方的治療，甚至是所謂靈性的治療，都重點教我們如何let go，將不想要的拋棄，放下。但我們可以試走let in這

一步，雖然這步較為難行，但當你能走出這一步時，你將甚麼都可以了，

這是我的個人經驗。當大部份人遇到不開心或痛苦的事時，我們會努力趕它們離開，排斥它們，原因正是因為我們沒有大方一點請它們進來，沒有招呼它們，它們被拒絕了，總會不甘心再來纏擾我們，常想進來騷擾，常來敲門。過門也是客，其實我們可以大方一點的。問自己目前最害怕甚麼，就面對它，因它是一面鏡，反映你的弱點。你必須面對，超越，才能心安理得，達到真正的平安、靜心。

活好自己是需要勇氣的，這個let in練習需要很大的勇氣。譬如，你最怕他離開你，背棄你，你可能想到希望他快一點老去，老了就會馴服。

當你無法接受現在的他，希望能看到他老去會安定下來，跟你過生活時，你得覺知這種想法很恐怖，是徹底的軟弱，希望依賴一個變弱的人滿足你擁有愛人的慾望，寧願犧牲當下的青春換取所謂永恆關係。這樣的想法很可憐。你將怎樣渡過還未老去的日子呢？或者當你老了他還沒有依照你的想法改變那怎麼辦，豈不白等了一生？別懦弱，向前看，積極一點，勇敢打破封閉的想法，轉化能量。

又譬如面對失眠。我們想盡辦法驅趕它，越趕越糾纏，浪費很多能量，結果還是無法入睡。不如保留能量，轉化心情和心態，不用抗拒，打開門招呼它進來，它看夠了自然會走，你也可以將自己變作透明，讓它穿

過你，沒有讓它停留的餘地，它自然會離去。不要大費周章去遣散，打開自己，開放自己，你將是個大海洋，大海洋沒有害怕巨浪的理由。這樣你將處變不驚，怡然定心，進入靜心和神聖的狀態。

先讓它進來，再讓它出去。先let in，才能let go。你接受不了，就無法放下，就是這個簡單的道理。

這也是我多年來心性修為的體驗。以前我一直找方法let go，其實是能量集中在否定上，忘記了接受，轉化正面能量。原來更徹底，使心胸更擴大的let go方法，正是我們一直逃避的let in。能讓它進來，所有恐懼、不安、困擾將無法停留。這不是容易做到的修行方法，看你的決心和承擔自己的勇氣。這是頗困難的，你要有很大勇氣，當你做到這點，能將悲喜善惡融為一體，也不會再介意甚麼，執著甚麼了。

這是先入後出的道理，比拒絕它、想辦法駕馭它、控制它、壓抑它、請它離開有效得多。大方是最後的勝利者。你將變得勇敢，成為一個真正的勇士。

你無須壓抑情感，讓它流放，不要困住它。讓它流動，自然的流露。哭沒有甚麼不好，憤怒，妒忌，掛念，埋怨，依賴，執著，懦弱，貪

婪，慾望……不要努力排斥它們，它們都是你的一部份，但它們都不能代表你，它們不是你，你無須認同它們，它們只是透過你發揮出來的能量。讓它出來，穿過自己，讓它離去，清理自己。轉化它們就是了。不用怕對錯，只怕麻木不仁。你要變得流動，保持心靈出走狀態，轉化能量，覺知，觀照，像黑洞一樣吸納，融化，變成一體。你不再是你，你還是你。

所謂的悲哀，只是純粹的能量被困在負面的形式裡。只要你找對竅門，便可以釋放它們，把它們重新變成正面能量。你可以利用這些強大的能量來豐富生命。

若你打算當治療師，請不要過份著重排斥性的治療法，這樣反而可能加添病人的負面能量。一個好的治療師不只是治病。病是負面的觀念，正確的治療方向是讓受療者回歸人性，感受生命、存在的神聖，讓他們借此有機會感受愛，感受別人的神聖、生命的神聖。

靜心的秘密是甚麼？就是讓自己快樂。

別輕視快樂，自虐的人活得過份拘謹，過份沉鬱的人都瞧不起追求快樂，覺得那是膚淺的，沒深度的追求。固然，當追求快樂變成追求剎那官能刺激，滿足慾望的時候，那當然不甚可取。但別忽略人生追求快樂的本能，正如人有追求愛的本能一樣，它具有靈性提升的功能。

要分辨膚淺和深刻的快樂，或者用快慰和喜悅來形容更適合。

快慰是表面的，由取受(take)得到；喜悅是深刻的，只能由施予(give)達到。你可以看到兩者在心性上的分別。

追求快慰可以造成很多道德問題，迷亂人心，但追求喜悅卻是道德權利，能安定人心。正如活在愛中的人感到平靜、安心一樣。人有追求喜悅的靈性需要。不要只為別人付出和著想，不要光為愛而經營愛。當你的心還沒有定下來，活在因愛不遂的惶恐中時，你將無法付出正面能量的愛。你得先尋找內在的喜悅，讓自己喜樂，尋找深刻的快樂，純粹的開心，無條件的快樂，它們像孩子的笑聲一樣動人，不需要理由。

快樂很難嗎？不，在於你的慾望，在於你是否知足。知足常樂的道理大家都知道，只是做不到，不是嗎？又是知道但做不到的死穴。那便先返回身體，尋找能令你安心、定心的，純粹的內在節奏，神聖的空間，純粹的覺知，觀照自己，不下判斷，just be，let be，快樂便隨時隨地在心裡。

時下年輕人心靈空虛，只懂追求官能快樂，卻不見得活得真正開心和滿足。他們靠物質消費購買快樂，靠毒品、狂野派對、放縱亂性得到剎那的快感，卻沒有得到真正快樂的心，只有快樂的身體反應。這是可悲的。像服食不合適的抗抑鬱藥病人一樣，他們沒有憂鬱的身體，卻還擁有憂鬱的感受（心），無法與人分享，結果自殺率相當高。這正是情感與身體割離的後果。快樂、悲傷若是靠縱慾或藥物達到的話，是身心脱離和虛弱的反應，你沒有得到真正的滿足。

那如何能得到真正的內在喜悅呢？

內在喜悅讓你感到內外完整，心神得到釋放，心胸打開，無懼無怨。科學的解釋是你在腦內產生特殊的α、θ腦波，並且分泌所謂快樂荷爾蒙「安多芬」(endorphin)，俗稱腦內瑪啡。這個狀態下的你，能與自己的潛意識溝通，靈感和創意湧現，細胞更新，像復活一樣高興。高興是一種情緒狀態，身體、情緒和思想都處於正面積極和高創意的狀態。你的生

命動能展開了，散發特殊的正面腦波和能量，感染身邊的人。所以快樂的人特別讓人喜歡靠近，人見人愛。

喜悅是愛的奇妙感覺。它必然是內在的，甚至無須追求激情。它平靜、無限，海洋一樣大，湖水般平靜，卻充滿愛的能量，力量強大，足以製造生命，延續生命。

你還得不到喜樂，因為慾望還未滿足，心願未償。看穿喜悅的純粹，便無須執著得失，懷著遺憾的心情過活。理想沒達到，追求沒結果，不管是甚麼原因，不管是沒機會、沒條件，還是沒能力、沒緣份，盡過力，做了自己可做的，便應隨緣，面對和接受，一笑百慮忘，知足才是最後的福樂。懂得放下執著，人生就沒有真正值得遺憾的事。別將心願未圓的遺憾變成執著的慾望，干擾能量。人不一定要達成心願，不一定要得到所想所求。**心願和慾望的作用**，**本來就是在人快要絕望時提供正面求生的希望**，**補給快燃盡的意志**。心願就是夢，也是補充能量、更新細胞的種子，把生命延續下去。

平衡情緒、穩定能量資源比追求甚麼都重要。

我們都不了解黑。

人對黑抱有很多負面的觀念，譬如邪惡、罪行。其實，我們都不了解黑。

很多人做治療，或打坐靜心時，都喜歡幻想自己成為一道光，或者看到一道光，溫暖自己。人體本身能散發光，這是很科學的現象，並沒有甚麼神秘之處。既然我們本來就是光，擁有光亮，那麼我們其實可以轉移接受黑暗。黑暗是必然的，你是否想過，光要在黑暗中才可呈現，沒有黑暗，光無法存在。黑暗是永恒的，不變的，**黑暗是一切存在的背景**。光則很不穩定，你可把它熄滅，即使強大如太陽的光能也有升落週期，日落正是回歸原始狀態的時刻，回歸到哪裡呢？正是黑暗。

我們都以為在黑暗裡會感到危險和恐慌，但其實當你能靜下來，面對黑暗，便可以怡然做回你自己。在光裡你會坐得很端正，扮演不同的角色，但關燈後，你可能馬上坐得很放肆，放下了世俗要求的所謂莊重，感到自然舒泰。黑暗是生命的母體，在黑暗裡我們感到更安全，更舒服。

在光裡你很難入睡，光其實是一種干擾，有光便會打擾睡眠，產生

緊張，但在黑暗裡，你可以放鬆，你把自己交給黑暗，你信任黑暗可以保護你，讓你睡得安詳。

試想一個人出走到荒島，面對四周的漆黑，你最初感到孤獨、恐懼，但再過幾天，你便會由恐懼變成習慣，你開始和荒野親近，習慣面對黑暗，再沒有外在的刺激打擾你，你和黑暗連成一體，於是，你有所發現，原來黑暗裡另有天地，自有黑暗的世界，你發現星光，在城市裡你不會注意到星光的亮麗。你發現萬籟有聲，原來夜間有很多生物在活動。你一直不知道黑暗在燈光、電視和汽車聲外還有另一種存在狀態。你開始感到驚喜，你活在新世界裡，更新了生命。

當你接受黑暗，或嘗試靠近黑暗，甚至去愛黑暗時，你將不會害怕孤獨，也不會害怕死亡，因生命最後將重返黑暗。重返是重點，因為生命來自黑暗，來自母體的子宮。生命的孕育都在黑暗裡。人在子宮裡如是，植物在泥土裡如是，生物如是，星體也如是，在浩瀚的黑暗宇宙中各自存在。

很多人喜歡在夜半幹活，因為黑夜讓你做回你自己，不用再戴上面具，滿足別人的期望和慾望。

光明永遠有源頭，但黑暗不需要源頭。但凡有源頭的都不是永恆

的。只有沒有源頭的才是無限和永恆。當你接受黑暗，活在黑暗裡，你將體驗孤獨的本質：自在、安全、平靜，這是愛的經驗。

黑暗讓你安心，**學習一個人自處**。

害怕黑暗的人都不能自處，無法獨立照顧自己，活在緊張狀態中，情緒化，易恐慌焦慮。你應試著在黑暗中靜心，面對自己，邀請黑暗進入你體內。

學習走進黑暗裡，或者讓黑暗進入你體內，然後運用剛才我說過的

let in，let go的方法，讓黑暗作依靠，把愛的感覺與黑暗融合為一，你將發現很神奇的體驗。

試著這樣做：晚上把燈關上，盡量讓房間在全黑的狀態，不要讓光亮進入。用雙手蓋著眼睛，但不要合上眼，你要張開眼睛望著眼前的黑暗。別以為在黑暗中甚麼也看不見，其實你是可以看到的，你看到了黑。不要合上眼，合上眼的黑只是概念的黑，是思想上的黑，那是不存在的，張開眼的黑暗才是真實的，不要否定看到的黑暗。然後在心胸的位置懷著愛的感覺，將黑暗徐徐地帶入身體內。

黑暗是一種很強的能量，是一切的終極。你嘗試去接觸黑，讓黑暗跟自己融為一體，你會變得安靜，不再驚怕孤獨。讓黑暗的能量增強意志和愛，你將有能力面對人生。

總結

莎士比亞筆下的悲劇人物哈姆雷特的最大問題就是想得太多，沒有行動。光問To be or not to be（應不應該活下去呢？）我們不能靠思考解決問題，一旦想到生命的意義、做人的意義你就無法活下去，不是因為沒有答案，而是因為沒有令你滿意的答案。你要答案的話，答案很簡單，就

是Just Be，Let Be（就這樣，活下去）。

人要正面面對生死愛慾，透過靜心、轉化能量達到身心整合，當身心能整合，靈性才能呈現，這是「身心靈」三合一的境界。開放自己，接受一切，將自己變成海洋，與自我融合為一。

注意能量的流向，你正在想著甚麼是很重要的，因為每個念頭都是一個訊息，你想甚麼，主觀意願會製造能量，人和世界會按照你所想而反應，所以，改變自己就是改變世界。

愛是優化生命的入口，條件是先培養強壯的自愛能量，覺知能力和慾望管理的能力。

人生一場戲，試想想，當生命是一場戲，你將不再執著特定的角色。人生也是一場遊戲，應該懷著喜悅的心情到此一遊。無須執著，隨緣自樂。

生命其實很簡單，無須把它想得太複雜。人生沒有甚麼秘密，只要保持澄明的心態，保持覺知，強壯能量，一切可以比想像和要求的更好。

在日常生活中，時時刻刻記著**向自己說聲**Why Not（**非如此又如何？**），也**多向自己說聲**「**我愛你**」，抽離自己去愛自己，放下自己去愛自己。這樣的話，可以含著微笑上路了。

自愛。定心。回歸身體

這次講座我會以互動形式進行，包括個案分享和自由討論。我還特意請來幾位嘉賓分享他們的真實情感故事，談談個人心性上轉化的過程和體驗。我相信每個人都有不同的情感體驗，我們可以融匯別人的體驗，豐富自己。雖然每個人的路還得靠自己走，但別人從前走過的路，和現在走著的路，可以是我們的明鏡。

首先是個案分享。

個案與討論

個案一：身體給予自己很大的愛

這是我一位好朋友的個案。她與丈夫結婚十多年，丈夫開始對這段婚姻感到厭悶，認識了另一個女人，不久就搬走了。她雖然不開心，但只能無奈地接受。兩人育有一個小孩。丈夫向妻子表示，離開的原因，是因為另一個「她」在性情上比較溫柔，能讓他感到自己是個男人。而且，或許因為新鮮感的關係，在性愛上得到更大的滿足和享受。

不過，在她開始慢慢接受，重整生活的時候，丈夫又返回來，向妻子表示希望搬回家，不捨得以往的日子，希望與她一家重聚，並答應以後不再和新歡見面。妻子讓他回家，以為浪子回頭，未試過心不足，試過了還是覺得家最好。可是，待他搬回家不足一個月，他又向她表示其實還未能放下，不捨得放棄第三者，問她可否接受他一方面維持這段婚姻，另一方面與第三者保持親密關係。他建議每星期逢一、三、五回家與她和孩子團聚，二、四、六則和第三者一起，星期日則視心情及實際需要再作安排云云。

她對此不置可否之餘，反問丈夫，假若她像他一樣，在外邊另結新歡，他會否接受她同時維持兩段感情關係？

丈夫是個知識份子，思想理應開放，可是，他卻表示不能接受她有兩段感情關係，但卻要求她容許自己這樣做。最後，他示意希望由妻子自行決定，她是否願意容許他這樣繼續下去，假如她不能接受，他便和第三者分手，不過他也將會離開妻子。

如果你是這位妻子，你會如何作出決定？或者你是否會去做決定呢？

還有，你會認為這位丈夫的要求合理嗎？

男觀眾A：這個男人把責任交給妻子，讓他人去做決定，其實是不想自己做壞人。這是嚴重不負責任行為。我不相信這個男人真的會放棄第三者。其實他自己一早已做好決定，不打算離開第三者。男人這樣做只是希望把責任推卸給妻子，使自己花心得心安理得一點。

女觀眾B：我覺得這個男人很自私。婚外情的目的是為個人快樂。感情開始了，到最後又不想獨自面對殘局，所以讓妻子去決定這段關係的方向。但我相信，她其實是沒有選擇餘地的，因為她若選擇不容許丈夫與第三者保持關係，他便寧願兩個女人都不要。假如我是她，我不會做任何決定。婚外情是不好的，它違反了彼此對婚姻的承諾。

素黑：最後這男人是寧願兩個女人都不要。做妻子的根本沒有選擇，丈夫一早已做好決定，只是口頭上問問妻子而已。

女觀眾C：我覺得這是無法兌現承諾的問題。夫妻之間可以有承諾，但很多時候大家為了堅守一份已過去的承諾，反而要付出更多，這樣只會令兩個人一起困在所謂承諾裡，實際上卻得不到快樂。這樣的關係是沒有意思的。

素黑：這裡帶出一個很重要的問題，就是所謂「承擔」。兩個人為了十幾年前的一個承諾，繼續無條件、無時限地付出，和不管一切變化去承擔，到底是否值得呢？

女觀眾D：我反而覺得既然這男人有勇氣把事情提出來，是因為對生活在一起十幾年的枕邊人感到厭倦了。如果我是這個女人，我會讓他要來便來，要走就走。關係原來就是虛幻的，他要來要走，早已沒所謂了。

男觀眾E：我會從道德方面去考慮這個男人的動機。從不道德的角度看，他是利用雙方的談判條件不平等的優勢想佔妻子便宜。因為這個男人知道妻子的議價能力不高，而他本身卻還很高，起碼有新歡對他垂青，他想到假如妻子有本事有能力的話會向他「攤牌」，令他沒法子維持與第三者的關係。所以男方其實只是擺出「我就是這樣了」的姿態，然後假裝好男人，假意讓妻子做決定。因為他知道她沒有甚麼議價能力，估計她無論如何也不能離開他，這樣的話，他不但能裝做好人，更可以在其他人面前逞強。

從道德角度說看，這個男人用希望縱慾的態度，混合男女關係應該性開放的政治正確價值觀包裝自己。暗地裡他自圓其說的理據是：在多年前對妻子作出忠心於她的承諾時，其實沒有訂下一世忠心於她的條款，那承諾原來隱藏了有期限的保留，因此他現在想引導妻子重看舊承諾，宣佈承諾已過時的合法性，靠理論把妻子壓下去。這種行為是不道德的。

素黑：男觀眾和女觀眾似乎都不認同這個男人的做法。作為這個個案的女主角，要面對道德、婚姻和自我調整的難關實在不容易，尤其是必須面對感情和理性之間的衝突。現在我想請阿Cat來分享她的故事。Cat曾經歷過像我這位女朋友類似的經歷，她很堅強地從困局中走出來，重新站起來，不想再讓由婚變引發的情緒波動影響自己和孩子。讓她跟大家分享如何自我更新，提升自己。

分享者：Cat

性別：女

年齡：30+

職業：IT經理

Cat：我的經歷和剛才的故事有很相似的地方，相似是男方都有第三者。不相似的是故事裡的丈夫願意直接跟妻子説清楚自己的不忠，而我的丈夫卻一直隱瞞著我，直至由第三者的丈夫發現自己的妻子和我的丈夫在一起後告訴我時，我才知道真相，感覺既尷尬也難受，覺得很丟臉，也有被欺騙的感覺。

素黑：在我處理過的個案中，女人在面對感情被欺騙的問題上，令她們憤慨的其實往往不是因為伴侶背叛了自己的道德問題，這點很多男人都誤會了，也過份套用所謂政治正確的偽開放邏輯指責女人妒忌、小器和想佔有的心態，可是，女人其實最受不了的是她一直信任的男人為何隱瞞自己，

沒有照顧她的感受，不能接受被最信任最愛的人欺騙。這種被隱瞞的感覺甚至比知道真相更難受。

Cat：我和丈夫的關係一向很差，彼此不滿對方的地方有很多。最初與他分居時，他身邊還未出現第三者，我冷靜地問過自己為何這段關係會變成這個地步，也有反省過問題是否出在自己身上，我沒有隨便把責任歸咎于任何一方。想起當初分居是希望給予彼此空間，讓雙方冷靜下來，反省自己。最初分開，覺得大家還有復合機會，豈料對方在這段期間出現了第三者，而且一直隱瞞著，令我有一種被欺騙的感覺，開始感到情緒失控，差點崩潰。另一方面，我不能讓兒子知道自己與丈夫的關係變差，向他解釋爸爸不在是到外地工作。那時候我表面看來很堅強，但其實心裡很脆弱。

素黑：我知道後來你的丈夫像我的女朋友的丈夫一樣，回來要求復合是吧。他本來希望與你離婚，但又希望能夠一家人扮演溫馨，繼續一起生活，待他偶爾回來看看你們，扮演負責任的丈夫和父親。然後他又向你訴苦，愛那個女人愛得很辛苦，同時又說還很愛你和兒子，永遠是一家人。他反覆的出現帶給你情緒上的困擾，你那時如何面對他的要求呢？最後如何抽身讓自己重新站起來呢？

Cat：那是很痛苦的日子。有一段時間我不敢再想太多，不敢再想為何他

要這樣做，為何他回來了又要走。我以為可以理性地壓抑自己的想法，可是這邊不想再去想，那邊我的行為卻自相矛盾，還是無法放下他。最後，我覺得必須正視問題，重新站起來，不想再被他的負面情緒和糟糕的感情生活影響我自己的生活。我想改善情況，知道必須先安定自己，不再多想。那段日子，我學會把心定下來，方法是從呼吸開始，用呼吸安定心神，這樣容易平靜下來。其實很多方法也很有效，單是不去多想已經可以令自己平靜。

素黑：你曾參加過回歸身體的工作坊，學習呼吸和站樁等定心的方法。你覺得這樣做是逃避問題嗎？因為有許多人像你一樣，遇到問題時也希望不再多想，卻變相自暴自棄，借沉迷某些活動逃避現實。你覺得自己其實也有逃避心態嗎？還是在定心的過程中，體驗到甚麼向上推進的力量呢？

Cat：我覺得返回身體，尋找定心方法不是逃避問題。問題其實一直存在，到今天還沒有解決。但回歸身體尋求定心能讓自己感到舒服，尤其是在學習呼吸法和練習站樁的時候，我發現**身體給予自己很大的愛**。現在我終於知道，**身體給予自己的愛**，**原來比向外尋找得來的愛更偉大**。這是很寶貴的發現，沒有經歷這事，我也許沒有機會體驗內在給予自己強大的愛。

素黑：回歸身體的過程困難嗎？

Cat：有時候也有反覆的感覺，因為還未解決的問題還在眼前。唯有堅持返回身體，尋找讓自己身心舒泰的感覺。當這樣做變成了習慣，便會漸漸成為生活的一部份，不再感到困難了。現在感到人比以前平靜得多，懂得歡笑，更懂得愛自己和愛兒子。

素黑：自療是需要經過很大的努力才可達到的。自愛應是生命的一部份，像日常生活的有機部份一樣。相信你這次的經歷，也從兒子身上得到很大的支持，對嗎？

Cat：對，一直以來，兒子給我很大的愛和能量。我現在更懂得應該怎樣去愛，我想跟大家說，生育孩子必須要負責任。

素黑：是的，生育孩子之前一定要想清楚。愛侶間、夫妻間所有的感情承諾都可能在幾年之後變質，但幾年後孩子仍然是你的孩子，生命正在延續，我們仍需要照顧他們，關愛他們，這是永恒不變的責任和愛。因此我們更需要強壯的身心，才能為孩子付出正面的愛，讓他們健康快樂地成長，培育健全的心理、人格和身體。

Cat：父母對孩子要負責任，尤其是對孩子的身心負責。我不能因為自己與丈夫關係不好，便讓孩子感到不開心，這信念是我的堅持。一直以來是兒子推動我要自愛，因為我是他的榜樣，我很希望他從我身上學會正面的能量。

素黑：愛能互相感染，所以說能夠走在一起便是福氣。兩個人走在一起，是彼此一起學習做人的道理。正面能量的交往是很大的恩賜。單靠一個人是很難獨自上路去修行的。Cat的經歷很值得我們借鑒。在感情困局中，她沒有把責任推卸到對方身上，沒有只怪責對方的錯，忘記反省自己。她抱著感情傷口選擇了自愛的路，值得我們尊敬。自療的重點在於我們如何去面對問題，面對自己。大家應當記住：最深情的愛，必定是由自己給予的，外來的愛能量有限，飄瞥難留。還有一點也很重要：假如我們愛得不夠正面，對方亦無法從我們身上感受美善的愛。負面的愛只會讓人離開。

素黑：我有一位受療者，她與男友同居多年，生了孩子，但一直沒有結婚。二人的關係就如老夫老妻一樣。然而，在感情上她卻覺得不太穩定，覺得男友不定性，而且更有外遇的跡象。

某天，她發現自己患上性病。她除了這個男人以外，並沒有與其他異性性接觸。她回家後問男友是否有外遇，勸他去檢查是否也染上性病。不料男友聽她說後表現得很憤怒，指責她的病是因為她身體不好，與他無關。男友一方面否認自己有外遇，另一方面反問她是否不守婦道才染病。男友堅持不肯做檢查，又怪責她太過道德不相信他，令他很失望。可是事實上，這個男人確實經常在外尋歡作樂和嫖妓。不久後他被揭發嫖妓，不得已終於向她承認。

可是，男友被揭發後要求與她分手。他的理由是：女友的性器官帶病潰爛，對他來說這樣的女人已經沒用，所以不想再和她在一起了。女友感到很害怕，不是因為他這種無人性的理據和想法，而是害怕她會失去這段感情，於是極力想挽回與男友的關係。

她問自己：我是否做錯了？是我要求太多嗎？是我太道德嗎？是否應該讓男人去亂花？她因為學歷和知識水平比較低，加上家庭環境問題及

自己曾經做過妓女，所以能找到肯養自己的男人已經很走運了，所以當她遇上這個男人時，感覺像重生一樣，對男友一直很感激。她想事到如今，倒不如當作是愛的修行，對男友報恩，無條件地繼續愛他，讓彼此好來好去，不再追究，希望盡力挽回，不想離開他。

她這樣想究竟有沒有錯呢？

我希望大家在思考這個個案時，請先不要把問題道德化。先想想這樣的愛是無私的愛嗎？這是一份慈悲的愛嗎？

女觀眾Ａ：她有這個想法，是因為她把自己想得太卑微了。其實根本無須再去考慮自己的出身。她有這種想法，會把自己推向懸崖邊，最後完全失去尊嚴。她不改進這段感情關係，任由男友繼續放任下去，在感情上男友對她亦不會有任何改善的。

女觀眾Ｂ：她努力説服自己已找到真愛，覺得應該為對方無私地付出，其實是不懂得愛自己的表現。她不懂得愛自己，最後也不可能找到真正的愛。

素黑：她想要的可能不是愛，她可能只是想付出。

女觀眾C：感情像銀行存款一樣。你不去存放，根本沒甚麼讓你去提取。人不可能擁有無限能量不停去愛，一方面不停地付出，另一方面讓對方不斷地提取，長遠而言很難支持下去的，這樣的愛很快便會枯死。

素黑：不過她的想法是，她擁有很多愛，她可以無條件地不斷付出。

女觀眾D：她以為自己為對方付出了很多，但男友未必需要她的愛。他其實已經不想珍惜這段感情，只想離開，因此她不宜濫發慈悲。她這樣做，可能因為她無法獨立生活，想借著與男友保持關係的過程中，有條件地換取對方的物質支持而已。

素黑：其實所謂無條件的愛不是一般人有資格能付出的，因為大部份人的愛其實是附帶條件的，這條件本身正是一種慾望。

類似這位女客户的想法經常出現在女人身上。其實她選擇怎樣的路也沒有所謂對與錯，反正最終必須由她自己承擔一切後果，承擔自己的生命。女人很容易把慾望轉化成所謂「偉大」、「慈悲」的愛，傳統女人一直抱有這種道德，雖然她們不斷付出，卻覺得受盡委屈，同時不斷壓抑自己。但必須自問：究竟自己可以容忍多久？承擔多少？有沒有想過你所付出的到底是否他真正需要的呢？你付出的愛情質素到底是強壯還是脆弱呢？

無條件付出只會令自己感情破產，讓自己患上「承擔饑渴症」，追求承擔多於愛。

我們可以想像，為何有人偏偏最掛念對自己最差的情人，最想找回他。其實這些人心裡想越軌，壞情人能刺激自己變壞的慾望。於是，女人用慈悲和包容包裝自己，其實只是助長自我，滿足慾望而已。

個案三：付出不等同慈悲

素黑：我有另一位女客户，她的男朋友是已婚漢，彼此之間只能偷情，有的只是情慾。這段關係維持一段時間後，男人決定返回妻子身邊。但她一直捨不得男友，很掛念他。

沒多久，她結識了一位新男友。親友都對這位新男友讚不絕口。可是，她雖然知道他對自己很好，但她卻對他沒有太大感覺，與他接吻時也在暗暗計時，只想快點完事，沒有愛也沒有感情。她覺得自己並不愛這位新男友。她覺得有這種感覺是印證了自己真的還很愛從前的已婚男友。

思前想後，她終於按捺不住，發電郵「問候一下」對方的近況，這樣觸發了二人又再偷偷摸摸走在一起。每次和他見面時她都很快樂，可是離開後，她又再度跌進痛苦中。兩人繼續反反覆覆地保持這種關係。她自圓其說説服自己，認為自己不是貪戀他給她的情慾滿足，而是希望與他好來好去，認為做朋友也應該保持聯絡，彼此關心互相問候一下。

你認為她是甚麼心態呢？

其實男人的慾望很簡單，女人主動邀約的話，他會毫不猶豫地應約。女人也一樣，耐不住調情的誘惑。男女之間容易維持純粹的感情和友誼嗎？

我們不要以為自己所投入的是無私的愛，尤其是女人，經常自以為是，一心為對方付出，其實對方未必珍惜或領情。男人知道女人會無條件給他愛，即使他不愛她也傾向照單全收，享用免費午餐。女人這樣做是印證自己還有愛的對象，還不至於太孤單，可是這並不等同慈悲。

只有純粹地付出愛時才是真正的愛，可是我們的愛很難純粹，帶著太多慾望和承擔。要是你付出的愛帶有私心，對方會感覺到這不是真愛，感情並不純粹，所以不會珍惜。女人不要扮演偉大，男人不要讓女人不停為自己付出，因為所有感情能量的交流，最終得由自己承擔，別貪戀情愛，剝削別人的愛。即使你貪獲很多愛其實也不一定滿足快樂，因為所得的愛不夠素質。

沒有素質的愛得來也沒有意義，同樣地，欺騙得來的感情也是沒意思的。我並非叫大家不要去愛，計算愛情，而是提醒你必須清醒，知道你所投入的是怎樣的一份感情，對愛情要有覺知，明白和承擔後果。

要記住快樂與滿足是兩碼子事。快樂有兩種：一種是身體上生理上的開心，例如吸毒會令人快樂，這是一種身體上的反應。另一種是內心的快樂，那是買不到的，所以兩者是不同的。我們往往把身心分割。好像患有抑鬱症和失眠症一樣，服食藥物會令身體感覺舒服一點，但心理上還是會感到憂傷。最重要是不要欺騙自己的心。

個案四：負面反省的病態

曾經有位讀者告訴我，每當有人告知她的毛病時，她便很努力去分析自己，甚至為自己寫下理性分析表，尋找自己發生問題的原因，可是越找越亂，越想越病，最後變得很負面，發現原來細看分析表上形容和解釋自己的詞語及結論，竟然全部都是負面的。

雖然明知這樣做沒建樹，可是她每次都覺得這樣做是對的。她覺得人必須反省自己，不能太自大。結果，她一方面理性地明白這樣做很負面，但心態上卻開始產生不明所以的慾望，追求這種負面的感覺。

她的心理就像我們對愛人的心態一樣，一旦發現對方有問題，接著便傾向往壞處想，發現對方更多的問題，無法解釋為何要這樣做，因為理性上我們明白每個人不只有缺點，還有很多優點，可偏偏老是往壞處發掘，折磨自己和別人。這是病態，當一個人心態不好，能量負面時，會不停在自己身上找缺點，同時也在別人身上找缺點，否定全世界。結果可能覺得別人總是壞人，或者覺得其他人一定比自己好。其實問題不在別人身上，而是出於自己。這種「負面反省」的病態，其實也是失控縱慾的一種。

個案五：活在恐懼關係中

不論男或女，很多人在愛情裡感到恐懼，不知道到底害怕甚麼，帶著某種恐懼患得患失。這是因為我們承擔不起愛慾，變得自我迷失，自傷傷人。

這是我一個客户的個案：女人的丈夫愛出外亂花，他的性慾太強，她只好勉強説服自己接受。可相處下去，她發現自己無法停止幻想對方此時此刻究竟正在做甚麼，每次幻想時都感到十分恐懼。她不斷去想，不停重複恐懼反應，情緒失控。她甚至時時刻刻都想著對方，一旦對方不在她

的視線範圍內，便會感到非常不安。於是，她的恐懼變成了病態恐懼，無法專心做事，也不敢有任何個人活動，生怕他一旦離開了她的視線範圍，便有機會出外鬼混。

她最後終於告訴丈夫自己的恐懼感。丈夫知道了很遺憾，卻坦承無法改變自己的性格和慾望。她不明白為何丈夫不肯為她改變，儘管她已放下尊嚴哀求丈夫不要再跟別的女人見面，希望他能體諒她對他的愛和專情。到最後，她對丈夫的感情由愛變成恨。

丈夫看到她的痛苦感到很難受，他也跌進恐懼中，怕因為個人性慾失去所愛的妻子，可是，他解決不了好性慾望的問題，最後兩人都承擔不起這段痛苦關係，由慾望掉進無底的恐懼。

我問她到底怕甚麼？放不下甚麼？她的答案是：他，對他的愛。可是，這份迷執的愛已演變成整天想著他，把自己寄居在他體內的病態，潛意識希望自己成為他，和他二合一，卻不知代價是失去自己。

．．．．．．．

情變為何令人迷失？這是因為你一直對對方建立了信任，關係久了，彼此自然也建立了互相適應和依賴的生活習慣，加上人際圈子對雙方

感情關係的認同，誰知早已確認的感情關係突然出現變化，令你一下子亂了章，無法動員理智去回應，心態就像要供房子，因為突然失業頓失預算一樣感到恐慌，打亂了安定的心。於是你會想到兩個解決的方案：

1. 想改變他，希望他為你改變，改過自新，重新專一對你；

2. 要找回迷失的自己。

其實兩人彼此還有愛，卻活在恐懼關係中，變成慣性。這是由心理進化而來的自然危機恐懼感。我們的腦部結構是動態的，危機、憂慮和恐懼感是自然運作，不受理性控制，所以容易令人失控。

要做到重新找回失落的自己並不容易，關鍵是要有很大的勇氣。人是感情脆弱的動物，理性再強的人也有感情失控的時候。可感情失控並不是女人的專利，以下是我的一位男朋友S跟大家分享他的情感歷程。他在感情路上曾經失控，嚴重影響了健康，靠很大的勇氣重新站起來，找到自療的方法。

分享者：S

性別：男

年齡：30+

職業：音樂師、外語老師

素黑：S，我知道你在情感創傷方面有相當深刻的體驗。你當時是如何面對呢？你怎樣克服精神困擾呢？在整個過程中，你的體會又是如何？

S：我曾經愛上一位女子，可惜一直追求不成。我承認與她很合眼緣，第一次看見她已有觸電的感覺，就像一見鍾情。因為這種一見鍾情的感覺，我在追求過程中所用的方法與平日追求異性的方法很不一樣。從前我會慢慢認識對方，覺得適合再展開追求。但追求她的過程中，卻比正常速度快了很多，在還沒有深入認識對方前，已做很多工夫向她討愛。

素黑：結果最後在過程中失控，更傷害了自己是吧。

S：對。其實戀愛中受傷的不止是女性，男性一樣會覺得很傷痛。那時候我曾經為了愛她心痛到入醫院。有想過放棄，但我真的很喜歡她，所以放不下。最激烈的一次是身體終於出事，我的心臟支持不住了。後來才明白到我不能用自己的生命去玩票，也知道不能再這樣繼續糾纏下去。因為我追求她到頭來可能會令自己受到很大的傷害。我曾試過代入她的角色，設身處地去理解她，才明白到她在這段關係上也感到難受不舒服。因此，由最初的固執冷靜下來，明白兩人不應該再走在一起了，所以下定決心選擇離開。

素黑：在這過程中，你發現了甚麼呢？

S：我發現感情真是不可勉強的，愛一個人可以很真誠，但自己不一定能承擔得起。我選擇離開，覺得這樣做是為了雙方好。關係維持下去，只會令大家都感到不舒服，這樣的話兩人再走在一起也沒意思，只會令大家受傷，相處起來亦不會感到自在。沒理由繼續「自傷傷人」啊。況且，她原來就是有男朋友的，從她的角度去想，也覺得不應再糾纏下去了。

素黑：對，很多人是自欺欺人，你則是自傷傷人。

S：從前的我愛到失去自己，一直被她的存在拖著，覺得自己好像一條狗一樣，失去自我和尊嚴。可是這條狗經常發脾氣。那時候我的脾氣很壞。但當想到要為彼此著想，暫時不應再繼續這段關係。現在離開了她，思考了很多問題，重新找回我自己。

心安定下來後，有段經歷是很深刻的。我是個對聲音特別敏感的人，喜歡音樂，尤其是喜愛貝多芬第六交響樂《田園》。記得一夜，我一個人走到一個公園，公園內漆黑一片。由於晚上公園內的燈都被關掉了，在那裡就像失去視覺一樣，因此對聲音也特別敏感。在公園裡，我聽到平時聽不到的水聲、青蛙叫聲、風聲……那一刻我很感動。過去，我執著在愛慾關係裡，忘記了如何感受大自然的美，忘了返回身體感受自己，所以

愛到失去自己，失去靈魂。那夜的體驗像古人說「柳暗花明又一村」，到了絕境時找到嶄新的感覺，像自我更新一樣。從前的我就像一隻雞蛋，很脆弱，同時又如石頭般麻木和頑固。我不愛惜自己的身體，導致自己無法專心做任何事，最後連事業也被拖垮了，更莫說愛情。現在離開了糾纏的感情，終於明白箇中原因。

素黑：很多人在失戀時只想到以死去逃避面對，沒想過能夠放下便得到自由的道理。

S：剛剛離開她的時候，確實感到很痛苦，也曾認真地想過做傻事，自尋短見。現在知道這個世界還有很多美好的事物在等待我。雖然與她分開了，我還是要用感謝的心面對她，因為她使我變得更加堅強，也使我明白原來自己是很脆弱的，尤其在感情上，從前沒想過自己會受到這樣大的傷害。其實我真的要感謝她的出現，她的出現使我對事物有了不同的看法，自己也變得堅強起來。

素黑：感謝和讚美能令人變得很堅強。人不一定非達到理想不可，人可以擁有很多，但獲得心靈平靜更重要。

能從失戀的創傷中翻身過來，重新欣賞這份愛，才能讓愛真正開出美麗的花朵。很多人當感情出現問題時會胡亂找人傾訴，讓一幫人你一言我一語給予意見，直至互相「嘔吐」完畢，情緒依舊混亂，心態上感情

上卻沒有進步，甚至因為接收太多朋友無關痛癢過份負面的評論，將愛變成恨。但當你返回一個人的時候，甚麼都不做，給自己機會和空間觀照自己，張開自己的五官，用心去聽去感受，才會擦亮心鏡看清楚問題，看到愛的方位。所以，兩個人能夠走在一起是幸福的，但一個人的時候，卻能體會另一種層次的靜心。

S：對，那次在公園的經歷，給我很特別的感覺。第一次感受到人的心跳原來與大自然是同步的，彼此的節奏竟是如此協調一致。

素黑：像天人合一。

S：這種特別的感覺維持了十多分鐘。大自然實在很偉大，沒想過自然界的聲音，竟像交響樂一樣。那時候很能感受貝多芬創作《田園》交響樂時的感覺。

素黑：這正是我們發自身體內在的和諧交響樂。

S：對，大自然的交響樂是不經人工修飾的音樂。這種感覺我是從前一直沒體驗過的，直至遇上她，才體驗到這種感受。

素黑：有愛情的人要好好珍惜。在愛情中，所有人都會原形畢露，不論你

有多好或是有多壞，你都是最坦白的，變得赤裸裸，因此你能清楚地看見自己。對方就像你的一面鏡子，你的慾望會在對方身上投射出來。

人是很渺小的，我們試著把自己的心扉打開，感受宇宙的黑暗，細聽黑暗中的聲音，你會發現聲音慢慢會變成音樂。這是因為我們的心態轉變了，從執著變得寬容，然後便產生真正的愛，這是轉化和修行的過程。

S：與她分手差不多一個月了，現在仍很掛念她。真的，現在仍然很掛念她，只是回想起來覺得不需再保持聯絡了。我封鎖了自己的msn，切斷所有有機會與她再聯繫的方法，希望彼此不要再聯絡上。雖然感覺很痛，但長遠而言仍是好的。我明白自己的性格軟弱，很容易便會走回頭路。但我真的不想再回頭了，此刻就當她是一位曾經認識的朋友，沒有刻意去想有沒有機會再遇上。

素黑：在這段關係中你得到一份最珍貴的禮物，那是甚麼？

S：自愛和平定的心。

素黑：學會自愛，能夠把心定下來，便是戀愛帶給我們最珍貴的禮物。

愛情最忌甚麼

戀愛問題所反映的，大都是無法適當管理和處理慾望的問題，最後變成縱慾，令自己和身邊的人感到恐懼。你可以問自己害怕甚麼，為何害怕。其實所有慾望在本質上都沒有分別，不要用任何理論或理由將慾望合理化，可憐自己的慾望問題，如因為生理問題，因為疾病，因為天性軟弱等等。作為成年人，應該對自己的行為和慾望負責任。

在戀愛中，我們常常會問自己有沒有愛錯了。處理這個問題，不要從對方身上「找錯處」。要檢查自己有沒有錯愛，首先是要把手放在心上，問心。

問問自己的心是否混亂，是否愛到失去重心，如果愛到失去了重心，那肯定是自己的錯。

不妨檢查自己有沒有犯以下的錯誤：

一廂情願

例：分手過後，雙方還未能調校好習慣。他來一個電話，你又跟他見面上床，可他對你根本沒感情，你卻幻想還可以繼續。又或者分手後你還要強迫他陪你過節過生日，強迫他聽你的電話，問他為何不找你，為何對你冷淡。

你或多或少患了戀愛強迫症。

放不下

例一：男友因為女友提及前男友的事嫉妒而打她，把她從家門外的地上拖回家。事後女友失望說分手，男友後悔跪地求她原諒他，說以後不會這樣。你是這個女人會怎樣決定？

例二：分手後還要強迫男友跟你復合，想辦法拆散他的新戀情，因為你無法放下。

上班要放假，愛情也要放假，讓身心新陳代謝。

自作多情

例：你常常以為某男人常常凝望你，對你有好感，喜歡你，結果發現原來他沒愛過你，你知道後惱羞成怒，要他負責任，因為你覺得為他付出了歲月等他說愛你。你是這種非常霸道和無賴的野蠻女人嗎？

自作多情，其實也可以很暴力。

其實錯愛，不一定代表對方有問題，像剛才與大家分享的第一個個案一樣，人很容易把責任推卸或轉嫁到別人身上。面對所謂錯愛，我們應該

首先反思自己愛的方法是否有問題，究竟自己付出的是貪慾，還是大方無私的愛？不必用理由去解釋，解釋是膚淺的。最好沉默下來，返回自己的心。

人會因為縱慾而變成愛的強盜，或者變成愛的無賴、愛的乞丐，結果甚麼尊嚴都沒有了。做人做到這樣的地步還有甚麼作為呢？得到愛又有何意義呢？

不要自大，不要去辯護，助長自大心理，這會令你的愛人很難受。每個人都有很多盲點，在處理事情上不要太快下判斷。學會靜心，學會一個人去承擔問題，承擔自己的靜。有機會自己一個人的時候，便包容孤獨，給自己一個機會安靜下來，你會發現整個人和生命都會改變。

我重視「仁愛」，但不是從儒家學說去談，「仁」是「二人」，除非你可以靠自己一個人修行，否則必須在與別人相處的過程中學習，修養自己。兩個人一起修行，彼此相愛，互相包容，放下自我，滿足和平靜才會到來。在修行的過程中甚至能夠找到自己內在的神聖。否則，最後關係破裂了，礙於面子和利益的關係，一切都會變得很醜陋。

多眷顧別人的感受，讓感情和關係「成仁」，除非你已決定出家修行，不再需要愛情和人群。在與人溝通時多注意表達的語氣，先不要妄下判斷，只提供意見和評語，表現自己，這樣的溝通方式缺乏人性關懷，忽略對方的感受。

如何優化你的愛

剛才我們談過在投入戀愛和面對慾望時讓我們難於承擔的個案，現在集中談在愛慾的影響下，還可以如何去愛。

很多人寫信給我，都説希望能找到一段好姻緣，維持美滿的愛侶關係。以下是一些優化戀愛關係的方法：

1. 多為對方設想。
2. 用心去愛，而非想像愛。

3. 專心去愛，貪戀只會分散愛的質素，無法讓對方感到愛的質量。

4. 先關心對方，帶給對方快樂，別只顧自己享樂和滿足。

5. 先注意對方的感受，而非執著誰是誰非。

6. 肯定對方的價值，別老是批評或否定。

7. 別顧全面子，應多讚美對方的優點，提升對方積極的動力。

8. 放下自己，合理地活在對方內，感受對方。

試試這個你早已忘記的方法：

將對方變成你愛的中心，關注的重心，用心細意注視對方，用眼神溫柔地接觸他，不要用腦袋去分析他的外表和行為細節。把重心放在心的位置，用自己整個心注滿愛，用心去注視對方，面前是你最愛的人，你願意降服(surrender)你自己，用最純粹的心和愛去注視他。

然後突然，你會忘我。

注意勿用慾望的眼神觀看對方，這會令人抗拒感到不舒服，尤其是對女性，因為你慾望的眼神令對方變成物件，慾望的對象，她不是她，只是你的慾望工具。女方感到不舒服和抗拒並非性壓抑所致，請勿濫下道德判斷，這是出於女性的自愛、自重的本能反應，感到被傷害和侮辱。至於那些喜歡被淫慾眼神觀看而取得快感和光榮的人，他們追求的是性快感，慾望交易，這是他們的選擇，不過注意一點，純粹慾望的交易容易縱慾，導致浪費能量。你應自行平衡愛慾之間的取捨，也自行決定自己是否貪戀，或接受被視為慾望對象。

你到底是帶著慾念還是純粹的愛去觀看對方，對方是心照不宣的，你的眼神和能量，對方是感受得到的。你用怎樣的一顆心去待人，有否尊重對方，對方是知道的。這是自然能量的交感，無法欺騙別人。

試試把愛放在心上，用安靜、細膩、平和的眼神去觀看對方，用真誠的愛觀看對方，重新發現對方的美，對方的部局，整體，重新認識對方，翻新你自己用舊的感官。嘗試給對方正面的，溫柔的愛的訊息，甚至宣之於口的真誠讚美，讓對方感受你對他的肯定和接受。這是愛的基礎，不是語言，不是禮物，而是發自心靈力量的愛。

試著這樣做，重新去觀看你愛的人，同時啟動自己已麻木的愛，擦新彼此的愛情感受力。

這樣做能突破感情關係，效果驚人，甚至能化解幾十年的恩怨，讓關係開花。

讓自己的心溫柔

愛能改變能量。

的本身就是力量，化解關係中的死結。

愛是柔軟富彈性和創造性的，溫柔的愛是流動的，令人滿足。溫柔

先滿足別人

面對和管理自己的慾望並不容易，容易流於壓抑，所以可以嘗試從其相反的導向開始，就是先轉移能量流動的方向，與其正面處理自己的慾望問題，不如轉移目標，打開自己的心胸，先滿足別人。

先為對方著想和付出

問自己，你每天所想的事情以滿足自己居多還是為別人著想多呢？

可以純粹讓別人得到快樂而自我滿足嗎？

私慾投放得越多，越助長自我，越容易縱慾。這點男人比女人軟弱，容易縱慾，逃避責任。可是女人又太容易過份承擔、犧牲自己，結果是另一種慾望的投射。

自愛從定心開始

平衡慾望與承擔，可以先找一個定位的中心（譬如我們的心），把散亂的慾望集中起來，學習付出，滿足別人。把心注滿愛的能量，愛的感覺，全心全意，一心一意去想：如何能令所愛的人更快樂，更幸福呢？這是打開心胸，修養自己的練習，你將變得無我，忘我，不只為滿足私慾而作息，而要讓對象變成你愛的中心。

先用剛才教你檢查自己有沒有錯愛的方法了解目前的戀愛處境和質素，再找個定位中心，學習修養愛的素質，優化愛的能量，你將達到前所未有的忘我境界，甚至超越愛情本身。對象已經不再重要了，重要的是你可以透過愛擴闊自己狹隘的心胸，管好放縱的慾望。

你將成為一個身心平衡、充滿正面能量的人。你將感受到優質的愛的能量，感動生命。

重要的是**找到一個定位的中心**，找到自己的平靜點，不要左選右揀，搖擺不定，因為這樣很難發展出一個穩紮的定位。當你一開始思緒潮湧，心開始亂的時候，你便會慣性質疑，懷疑一切教你靜心的方法。找對一個定心的位置是很重要的，並且要堅持。譬如，你遇上任何困惑時，馬上返回你的心臟，心胸的位置，注視它，把心注滿愛的能量。你會發現，

終有一刻你會忘記自己，整個人變成無私而純粹的愛。能量是從心出發的，男性尤其要試試這種方法，因為男性比較容易受外界刺激影響情緒和行為。女性較習慣用心作容器，所以感情特別豐富，卻流於感情用事，無法安定，所以過份承擔，把一切都放在心裡，結果勞損了自己的心。

定心，是藝術，需要修養。

定心最好是從身體出發，而非從理論、分析入手。說得太多，思考太多，反而令我們很容易迷失，不斷重組自己的病態，強大自我。

感受愛，處理愛，必須從定心開始。

很多人對定心懷有誤解，認為定心就只是靜坐下來，但很多時候只會越坐越亂，所以定心離不開方法。

定心的最好方法是返回自己的身體。但很多人會誤解，認為心理問題應從心理方面去解決，這種說法表面上似乎合理，不過我們在理解「心理」是甚麼時因為缺乏認知基礎，很難全面地掌握。遇上心理問題，不一定要先從心理上去處理。我們往往太注重「理」的問題，卻忽略了「心」。

心在每個人的身體裡，不需要刻意尋找和認知。我們知道很多自愛、定心的方法，不過並不等於管用，或懂得運用。光是知道是沒有用的。即使我們讀過很多書，也無助於解決問題，結果往往讀書越多的書呆子，反而越在處理現實問題上表現得愚蠢。

「知」在腦，心卻在胸口，是兩處不同的地方。腦掌管身體運作和思考，心掌握血脈的關聯和情緒。心腦要互相協調，才能穩定身心。知道問題所在是不夠的，因為我們容易情緒失控，理智無法絕對掌管我們的心理。所以我們必須學會返回身體，定心，愛就在那裡。

我們也要注意一個問題，就是我們心裡很想去愛，可是常常感到不知怎樣去愛，懷著很大的自我盲點，不知道如何放下過去錯愛的陰影，如何善待當下的關係。即使知道問題在哪裡，可無法付諸實行，行動上無法配合。

這樣的話，請先把思想放下，知性放下，先返回自己的心。我們感到自己沒有能力去愛，或者不知如何去愛，是因為執著了愛，和去愛的那個「我」，太在乎我現在這樣想、我現在感覺那樣等等，容易忘記感受別人的感受，關心別人的生命，導致失去愛人的能力。

我想邀請一位男朋友Jack來跟大家分享他的靜心經歷。他曾經忘記了心，忘記了身體，只重視思考，忽略別人的感受，碰過一些釘子，我們讓他分享他的親身經歷。

分享者：Jack

性別：男

年齡：30+

職業：銀行

素黑：我認識Jack已是四年前了，最初認識他的時候，他是一個完完全全的哲學型男人，批判性很強，卻不太懂得和別人相處，尤其是女性。現在的他轉變了很多，找到了讓自己定下來的方法，最後在定心的過程中有了很深刻的內在體會，發現了愛的力量，現在是個懂得去愛的男人。請你和我們分享你的靜心經歷吧。

Jack：從小到大我不是一個感性的人，對身體的感覺並不敏感，自小把精力放在腦袋思考裡，用理性處理情緒，處理一切事情。那時對我來說，身邊有沒有愛人根本沒所謂，也從不擔心一個人生活。我自小便愛獨處，很怕身邊有太多人。

由於我一直用腦袋去處理自己的情緒，後來開始明白有些事情不是頭腦能夠處理的。認識了素黑後，她令我開始移離腦袋，關注身體。後來參加了很多發掘自己內在能量的課程，一次偶然的機會下，我更參加了坐禪課程，一坐便是十天。坐禪的首五天覺得時間很難過，很想離開，覺得光坐著根本沒意思。因為坐禪時不能與旁人有任何接觸，雖然我早已習慣一個人不介意，但還是覺得很無聊。但到了第六天，我才明白為甚麼我要來，因為對我這種過份偏重思考的人來說，如果不坐這麼多天的話，沒辦法返回自己的身體裡，會光是思考、分析、判斷，讓腦袋很忙碌。所以那幾天的靜坐讓我開始明白**靜心就是不用腦袋去想問題**。

其實這對我來說是很困難的，因為越是強迫自己不要去想越困難。

然後我開始不去想了，體驗到前所未有的身體感受，甚至漸漸感到愛在身體裡。我期待著愛，只是那時在我身旁仍然沒有一個愛人。不過原來愛一直在我身上，從那一刻開始，我更加享受單獨，但我不再抗拒跟別人在一起，不抗拒尋找相愛的人。我想這對我這種知性型的男人是一個頗大的轉變。

素黑：這個轉變的具體情況是怎樣呢？

Jack：從前我很容易狂躁，不知如何處理緊急的問題和種種壓力。坐禪十天後，身邊的人感到我有很大的轉變。以前遇到工作上解決不了的事情我

會很急躁，坐禪後遇上同樣的問題，我卻能從容面對。老闆和同事們都對我的轉變感到不可思議。

這體驗讓我知道自己在任何有需要的時候可以再次返回內在的靜心，我找到了方法，就是你剛才說定心的中心點。現在很多時候我也有能力處理情緒問題，學會無須把事情理性化，想太多。找到返回身體的出路，明白很多事情很快便會成為過去，一切可以重新開始。

素黑：當思緒感到混亂時，你用甚麼方法讓自己在短時間內平靜下來呢？比方說，坐禪？散步？運用呼吸法？

Jack：現代人工作繁忙很難經常坐禪，我總是坐不定。但我會找適合自己步伐和脾性的方法，譬如散步，甚至在街上聽聽車聲也能靜心。在散步時不用說話，只是自然地向前走，便能達到靜心。到後來很忙，沒有時間散步，便利用坐公車的時間坐禪。

素黑：Jack的體驗令我很感動。某天我跟他談他的轉變時，他說他從來沒想過自己能夠改變。這幾年的經歷，讓他明白只要肯踏出第一步，任何事都能夠改變。能從執著思想到放下，返回身體的本能，能走出這一步是很難得的。我們都應試著用心去改變，打開自己溫柔的一顆心。

在剛才幾個個案分享中，我們一直提及「定心」。你可能還有疑問，到底甚麼才算是返回身體然後定心呢？今天我還邀請了黃鈺書博士作演講嘉賓。黃博士是心療顧問有限公司的創辦人兼首席導師，亦是智能及心靈潛能顧問，在智性外還在身心靈方面有很資深的研究和身體力行，他本身亦是習武人士。現在讓他詳細說明如何返回身體，處理情緒。

定心的方法：

回歸身體，超越情緒

鈺書：今天我想和大家分享通過回歸身體來超越情緒的紛擾。

我們所有的情緒問題，可以簡單地歸結為一點：就是無法定心。

心定不下來，情緒混亂不堪。要如何「定」下來呢？一味用理性去壓抑情緒能讓人定下來嗎？這未必是好方法。純以理性來壓抑只是掩蓋拖延，長遠來看不利心理健康，終有一天會引起更大的反彈。而且問題還是

照樣跟著你，因為你的思緒還在轉動。要記著：情緒和思緒是相輔相成的。要超越情緒，真正定下來，還要同時繞過思緒。通過身體，是超越情緒和思緒的有效方法，也就是今天的主題：回歸身體，超越情（思）緒。

首先，大家有沒有想過身體到底是甚麼？

每個人都覺得自己理所當然地認識自己的身體。事實真的如此嗎？身體似乎是我們最親密的伴侶，實際上卻是最陌生的東西。我們成長的文化教育即使不是壓抑了自己對身體的覺知，也令我們對身體很陌生。如果連自己的身體都不認識，還能真正認識自己嗎？更不用說去認識他人了。

正如一個不懂自愛的人，無法真正去愛人。無法愛自己的身體，也難以懂得愛。

只要我們重新發現身體，我們會認識以前一直忽略了的豐富世界，會享受到一些很微妙的體驗，然後我們可以利用這體驗去超越情緒。

大家可能聽過或讀過一本著名的心理學著作，書名叫Flow，作者是芝加哥大學一位心理學教授。他從西方心理學角度，研究一種很特殊的身心體驗，他稱之為flow。這種體驗表面上很特殊和罕有，卻其實非常普遍。那是怎樣呢？很多傑出的運動員處於最巔峰的狀態(peak

performance)，又或者舞蹈家和音樂家忘我地演出，藝術家全情投入創作，甚至是一些虔誠信徒，很專注地祈禱或者參與宗教活動時，也經常有這種體驗：在活動的過程中，自己毫不費力，好像無須做任何事情，身體絲毫不緊張，很自然優雅地動起來，彷彿有一股很強大的能量推動著身體，感覺根本無須作出任何努力，甚至彷彿身體不是屬於自己的，連自己也變成了快樂的旁觀者，很享受地在一旁欣賞身體的舞動。但是你不是抽離的漠不關心的觀察者，而是幸福地參與了整股能量流動。

著名鋼琴家郎朗說過彈琴的時候，他彷彿不是用手去彈，而是用氣去彈。他指的，正是flow（流動）的狀態。這是不分古今中外的文明一直都注意到的身心體驗，兩千多年前莊子就描述過這種體驗，稱之為「逍遙遊」。

要**進入flow的狀態**，有**兩個要訣**：**專注和不努力**。首先你要很專注做一件事，全神貫注於身體的感覺上，直到了某個點，身體便會自行活動起來，你會感到圍繞著身體有一股氣在流動，可是由始至終你必須處於毫不費力(effortless)的狀態，任由身體自然舞動起來，不需要用任何方法或意志讓身體流動。那一刻，你好像變成純粹的意識，彷彿從高處俯瞰自己，看自己活動一樣。

一旦你思考怎樣做，或者嘗試努力去做時，便無法達致flow。

曾經聽過網球界有這樣的一個笑話。打網球需要很快的反應，在過

程中不能想太多，往往是憑著當下直覺判斷球的來向和打法。如果某天你發現對手突然打得很好，那麼中場的時候，不妨問問他為何今天打得這麼好。你的對手聽了便會開始想：咦？是啊，為甚麼今天我打得特別好？他一旦用腦袋思考，接著一定會反應遲鈍，打得糟糕。**人在表現最好的時候不能去思考**，**只能行動**。學習通過身體來超越情緒和思緒也是一樣，你不要思考，也不要努力，而是全神貫注在身體上，讓存在的能量自行流動。

相信很多人也試過類似的流動(flow)體驗吧。有人願意分享自己的經驗嗎？

女觀眾A：我很喜歡跳舞。有次要參加跳舞考試。之前因為很忙，沒有時間練習，以為一定跳得不好。誰知在跳舞時，覺得身體自行舞動起來，不由自主意識控制。那時候感覺自己與外界有了一度緩衝區（buffer），好像中間被隔開了一層。那時其實知道自己在發生甚麼事，能夠聽到很微弱的聲音。音樂一起，身體便自動隨著音樂跳舞，好像無須用氣力一樣，很自然便會自行流動。

鈺書：很美麗的體驗。對，在流動的時候，你會發覺自己與世界之間彷彿有一層透明的紗幕。那種感覺，是不是像從高處望著自己身體活動呢？

女觀眾A：對，在比自己約高一尺的地方看自己吧。

鈺書：我想和大家分享自己一次深刻的經歷，發生在很多年前。那次我在尖沙咀，附近人潮洶湧交通十分嘈雜，我突然感到所有東西都沉靜下來，那種靜不是一點聲音也沒有，而是好像自己被一層厚厚軟軟的能量包圍著，所有噪音好像經過過濾，傳入我耳中都變得很溫柔（就像剛才那位朋友的體驗一樣），整個人感覺很柔和、很平靜，身體變得很輕巧，好像它自己在走動，無須控制。試想想在尖沙咀這般嘈雜的鬧市，竟能感到四周環境寂靜下來，那一刻實在很美麗，一直讓我難忘。

女觀眾B：但這是超凡的經歷，要超凡的人才可達到吧。

鈺書：絕不是只有超凡的人才可以達到，我也是凡人。這是每一個人都能夠達到的體驗。其實很多人在生命中，很多時候一剎那都有過這樣的體驗，只不過大部份時間粗心大意而錯過了。又或者曾經注意到，卻告訴自己：這不過是毫無意義的一剎那。大部份人忽略這種體驗，是因為缺乏了對身體的覺知。問題是怎樣抓住這一剎那的寶貴體驗，好好培育它，利用它來超越情(思)緒。

Flow其實是一種普遍的日常體驗。一個常見的例子是性高潮。當人

處於淋漓盡致的性高潮時，一方面會完全融入那個顫動裡，很多時候卻感覺像離開了自己身體一樣，從高處看著自己活動。既全情投入，又保持抽離觀照，很矛盾，但是如果經驗過，卻是很美妙的體驗。

通過身體來定心

如何重新認識身體？如何發現身體的微妙感覺，甚至進入flow的狀態呢？最後如何通過身體來定心呢？

請大家放鬆下來，不妨閉上眼睛。如何完全放鬆呢？最簡單又最有效的辦法是留意自己的呼吸。在身體裡感受自己的呼吸。最好是從感覺雙手開始。只要放鬆下來，吸氣時，會感到手掌微微膨脹，呼氣時，會感到手微微收縮，手掌會漸漸變暖。你無須做甚麼，不要故意延長呼吸或者改變呼吸的節奏。只要你放鬆，你會發覺整個身體原來都隨著呼吸在微微膨脹和收縮。在手掌上體會了這種舒服的感覺後，可以慢慢將這種感覺向全身擴散。首先注意腹部同樣在膨脹收縮，然後把這種感覺從手掌向前臂擴散，感到前臂也隨著呼吸在膨脹收縮，一直到上臂、肩膀、頸、後枕（這裡特別緊張）、下顎、面部、前額。然後留意圍繞著眼球的肌肉，這也是特別緊張的部位，大部份人甚至從來沒有留意過眼球原來一直多麼緊張。大家

能否感到圍繞著眼球的肌肉在膨脹收縮呢？

然後是胸口、太陽神經叢、腹部，一直下到大腿、小腿、足踝和腳掌。如果放鬆得夠徹底，我們會感到連身體的最裡面也在膨脹和收縮。

如何判斷身體的某部位是否放鬆呢？基本標準是：你能否在那裡感到呼吸的膨脹和收縮？

一旦放鬆，我們會感到身體瀰漫某種很精細微妙的感覺，這是我們平時處於緊張狀態和粗心大意時所感受不到的。只有我們返回身體，專注細心地感受自己的身體時，才能感到整個身體由上到下由外至內都隨著呼吸在膨脹和收縮，如果再進一步放鬆，我們甚至能感受到身體裡面的空隙與空間。

現代物理學告訴我們，物質裡面其實超過百分九十大部份都是空間。為甚麼我們覺得身體和物件好像是密集而不可穿透的呢？那是因為原子之間的引力和排斥力。只要放鬆得夠徹底，我們就可以感受到身體裡面的空間（注：前人所謂的「開竅」，正是這意思）。

發現了身體內的空間後，不妨再進一步，可以想像和感覺：在呼吸

的過程中身體不斷擴張，最後身體內部與外在空間相連融合起來，甚至這個脹縮的感覺充滿了整個房間，彷彿整個空間都隨著呼吸在微微膨脹收縮。身體與外部空間其實是沒有界限的。

先不要理會這些，簡單地從體會雙手隨著呼吸脹縮開始，堅持每日隨時隨地回歸身體。你可以上下班坐地鐵、看電視電影，任何時候，甚至在工作時也體會身體隨呼吸脹縮。從呼吸開始，很快你會發現，原來自己從來不知道身體裡面有這麼豐富的感覺。要真正了解自己，首先要重新認識自己的美妙身體。

如何超越情緒/思緒

當我們發現了身體的微妙感覺後，如何通過它來超越情緒和思緒呢？

首先我們要明白思想和情緒如何運作。

我們的思維(mind)只是某種大腦的機能。問題是這種機能發展到運作得這麼自動化(automatic)，以致它變得完全不受控制。讓我們試一試：不用多長時間，大家試試停止自己腦袋裡的思緒十秒，不用多，只是十秒……有沒有人真的做得到？大家看，只是十秒！我們連停止思想十秒也沒有辦法。(如果大家把一天裡在頭腦裡閃過的思緒都記錄下來，恐怕可以

裝滿十座瘋人院！）我們的思想，也就是我們的所思所想，大部份其實是不受控制的胡思亂想。如果連自己也無法控制思想，如果我們並非思想的主人，我們又為甚麼要認同我的思想就等於我呢？我們必須要明白：**我不等於我頭腦裡的思想**，**人的最大錯誤、人生大部份痛苦和悲哀的根源，就是誤以為腦海內那些喋喋不休的聲音就是自己**。

思想只是一部不停運作的機器，這是進化選擇的結果。試想像我們的祖先在幾十萬年前的非洲原野上。一群原始人找到食物興高采烈，一些人會甚麼也不想，只顧進食，而某些人卻頭腦裡總會想到很多事情，例如樹上會否有東西跳下來呢？附近有沒有野獸呢？假如這時真的有猛獸出現，你認為哪種人的生存機會大一點？自然是滿腦憂慮的那些人啊，因為他們較警覺，較易發現危險，會第一時間逃命。至於那些只顧吃得津津有味的人，被吃掉的機會更大，於是警覺較低的人的基因便較少有機會繁衍下去，所以我們的祖先大部份是那些習慣經常左思右想的人，我們也遺傳了他們的基因，這是進化選擇的過程。中國人說憂患意識，其實是進化選擇的結果。

當然，除了進化選擇，另一個重要的塑造力量是社會教化過程(socialization)。兩者相輔相成。總之，人習慣性無時無刻不在思想，是出於生存所需，否則便無法在社會上立足。我們要明白思想的運作只有一個

指導原則：就是不斷想出各種不同的念頭，不斷運作下去。它不管這些想法是否真實，是否有意思，是否有價值，更加不管它們對你是否有幫助，甚至是否有害。所以所思所想無可避免同時是胡思亂想。

有人說過Your mind is your enemy(你的思想就是你的敵人)。我認為這個說法比較負面。（思想只是生存在社會中必需的工具，把它看作敵人，會成為最終平伏它的障礙）。可是這句話又基本是對的，因為腦裡百分之九十九的所思所想不僅沒有用，有很多甚至是有害的。它只要自己運作下去，不管你的死活。如果你有尋死的念頭，又執著這個念頭的話，思想便會順勢湧出一百個叫你去死的理由，它不會為你好，你真的自殺，它也不會關心，它只顧不斷運作下去，而要運作下去，它就要不斷吸引你的注意力，因為你的注意力和關心正是它的能量來源。思想是寄生在我們身體上的工具。它像科幻電影裡的機器人，原本是服務我們的工具，但發展失控就反過來控制了我們，甚至不惜毀滅我們。

思想，是人類生存的「必需邪惡」(necessary evil)，然而「**我**」**不等於**「**思想**」，**也不是思緒的總和**。我們暫時不能夠自由停止思緒，但是**完全有自由不去認同那些思緒就是自己**！過份執著腦裡閃過的各種紛亂的思緒，甚至認同這些念頭代表自己，便會墮入地獄，萬劫不復。相反，明白它只是一部瘋狂運作的機器，你有自由保持距離，有能力挑選極少數真

正有益的想法，那就是天堂。

為何思想總是傾向於如此負面呢？我們已經知道思想的唯一運作原則就是不斷運作下去，而要運作下去，它一定要靠我們的注意力來供應能量。很不幸，我們接受的教育、成長的經驗，都令大部份人的負面情緒比正面情緒更強大。負面情緒比正面情緒常見和維持得較長。負面情緒通常都會比正面情緒更能吸引我們的注意力。於是思想便因勢利導，傾向於製造更多的負面思想來吸引我們的注意力。

大家以後不妨留意一下，其實腦海無時無刻都有很多負面思想閃過。處於正面的情緒狀態時，我們會對這些念頭一笑置之，甚至根本不留神，任它飄過。可是當我們陷入負面情緒時，便會特別注意這些負面思緒，特別執著它們。思想不會為你的利益著想，它只會順勢製造更多的負面想法，好去吸噬你的能量(注意力)，於是你更不高興，陷入惡性循環，被情(思)緒控制著。所以負面情緒這麼頑強，也令你非常疲累，因為它不斷吸噬虛耗你的能量。

真正的你，**其實有能力和自由超越情(思)緒的那個覺知**。究竟如何能夠超越呢？我們現在明白為甚麼很難透過思維去超越情緒，正如不能靠魔鬼來趕走魔鬼。

身體，正是最直接，又人人可行的途徑。記住：思想是nobody(沒有人，no body，沒有身體)。只要我們一開始思考，便會忘記自己的身體。思想和身體，是注意力的兩極。你越留意思緒，便越忘記自己的身體。相反，你越專注於身體上，思緒便越安靜。當你全然回歸身體，腦海會一片寧靜，你會自然進入flow的狀態。

人最大的痛苦不是完全忘記身體。如果真的能夠完全忘掉身體，完全沉沒于思緒之流中，反而不會感到痛苦。最痛苦的是把百分之九十以上的注意力集中在思緒上，百分之十放在身體上，而這百分之十，正是負面情緒在身體引發的痛苦感覺！這百分之十，已經足夠把你折磨得死去活來。人的痛苦，正是源於被這惡性循環兩邊撕裂。

所以第一步是培養對身體的敏銳覺知。怎樣做呢？就是前面介紹的通過感覺呼吸脹縮來放鬆，來重新發現身體裡面的微妙感覺。然後，我們可以嘗試在身體裡面覺知情緒的生理反應。不妨從憤怒開始。下次當你感到憤怒時，提醒自己留意那個憤怒在身體哪個地方。這聽起來很奇怪。人憤怒的時候當然知道自己是正在憤怒，但如果問他：你的憤怒具體是在身體哪個地方呢？大部份人都不曉得。因為我們憤怒的時候，會失去百分之九十九對身體的覺知。注意，我不是叫你壓抑憤怒，那只會有反效果。我只要叫你留心憤怒時身體哪個部位感覺最強烈。通常是在太陽神經叢（即心口對下腹部以上的地方）。如果你真的在具體的部位裡很留心地注意那憤怒的感覺，不要嘗試壓抑它，只是看著它，很有趣，那個憤怒會驟然消失，因為情緒失去了繼續運作的燃料。更有趣的是，如果你夠專注，那憤怒的感覺隨著憤怒情緒消失時，會突然轉化為某種很強烈的舒服感覺，就在你剛才感到強烈憤怒的身體部位裡，甚至向四周擴散。這是情緒的煉金術。

以後每當你處於負面情緒時，立即提醒自己注意身體的呼吸。你有百分之二十的覺知放在身體上，思(情)緒便減弱至百分之八十，一直到百分之十，然後百分之九十的覺知在身體上，思緒和情緒越來越無法打擾你。但是要當心：思想是一部進化了幾十萬年，習慣縱容了數十年，身體

上最活躍的機器。為了要繼續運作下去，尤其是面臨威脅時(譬如你再不注意它)，它會掙扎得更厲害，會用盡辦法，製造更厲害、更難受的念頭來重新吸引你的注意力。你會不斷被思(情)緒拉扯，你必須動員意志來抗拒它，只管專注在身體的感覺上。

我們總以為人都不喜歡負面情緒，有辦法的話，都樂意避免負面情緒。錯了！**其實人都是負面情緒的癮君子**(emotion junkie)。情緒是很深的癮，我們總是不自覺地陷入情緒裡自我沉淪。人總是習慣性地跳進情緒的毒癮裡，不能自拔。

所以我們必須培養對身體的覺知，用意志把注意力從思緒轉移到身體去。這只是習慣的問題。多年來你已習慣把所有注意力集中在思/情緒上，成為它們的奴隸。現在你明白了。只要改變習慣，重新留意身體，漸漸地你的注意越來越大部份集中在身體上，不為情/思緒所動。

當你習慣放鬆專注身體，越來越發現它的精微感覺後，慢慢你可以清晰察覺到有一條界線。你會進入某種特別而又清醒的意識(類似flow的狀態)。為了方便，我們姑且稱這種意識為第二身(the second body)。就像一道門檻，外面是肉體上的感覺，更遠的是思/情緒。只要你進入第二身裡，一切情緒反應都會像望著窗外的風風雨雨，絲毫不能影響屋裡的你。

同樣，你會不斷被思/情緒拉扯。你要懂得退一步，退回身體和第二身，與思/情緒保持距離，然後，你便可以享受真正的自由。

總之，一切都只不過是習慣的問題。我們習慣了以為自己就是思/情緒，習慣被它們吸引，習慣向它們供應源源不絕的能量，習慣跟隨它們不斷轉動，習慣讓自己墮入情緒裡萬劫不復。

所以，我們要培養新的習慣，從體會身體的呼吸開始，在任何時候（甚至上洗手間），在臨睡前，感受自己的身體隨呼吸脹縮，把這種感覺擴大，直至感覺整個身軀被一團溫柔的能量包圍著，漸漸你會發現另一種意識狀態。帶著這種覺知，嘗試用這種實在的感覺去經歷生命，不用多久，你便能享受快樂和自由。

素黑：很對。我們要讓注意力從頭腦轉移到身體，才能定心，感到平靜和快樂。剛才我們試過返回呼吸的膨脹收縮去感受身體，我們應多練習，盡量給自己空間，一個人去練習，去感覺。現在我再多教幾個方法讓大家體驗定心的效果。

定心的第一步，就是讓注意力從頭腦轉移到身體，我們可由尋找能量中心的一個點開始。那就是我們的「心」。

我們常聽人說「修心養性」，其實這真正的源頭是佛學裡說的「收心養性」。到底甚麼是「收心」呢？

我們平日面對人事、工作，面對感情、關係，都是把「心」流放出去，就是把心放走、遊走的意思，好像很自由，其實正是引發焦慮不安的源頭，讓你感到無法「放心」。

要保護和重整自己的能量，必須先從收心養性開始。心除了能轉移情緒，還是一個愛的位置，所以有「愛在心裡」的說法。我們往往忽略了**心是平靜**、**和平的泉源**。心是一個讓我們感覺平靜，讓自己安定下來的場所。能夠定心，便能把放出去的、混亂了的能量收回。

收心，**是返回一個讓你靜下來的定心點**。

想像把心掏空，然後把心注入感覺、注滿愛，幫助自己完完全全地返回這個靜心點內，讓心膨脹，收縮。

女性是很感性和敏感的，可惜很多時候被典型化為神經質、欠缺理性，被忽略了正面的價值，連自己也忽略了最敏感的部位在哪。例如女性的皮膚感覺很強，也是女性最強的性器官，所以為何性交並不容易讓女性感到最大的快感？因為對女性而言，最大的快感來自做愛前的擁抱和撫摸，純粹皮膚的膨脹和收縮，缺乏做愛前奏的女性容易變得緊張不安，影響分泌，減低快感。這一點往往被男性忽略了，因此在性愛中女性比較難得到滿足。

收心的練習很簡單：尋找身體最敏感的部位，把能量、意念收回來，放在這個身體的點上，感受那裡的膨脹和收縮。男性可以放在丹田的位置。收心對男性來說比較難，因為大部份男性的感覺重心都在丹田位置上。所以男性把氣回歸丹田是較容易掌握的，因為那裡原來就是很強大的氣場。

至於女性，可以從「氣穴」這個穴位開始，找回微妙的空間感覺。氣穴在哪裡呢？道家說：「氣穴即血元，即乳房，在中一寸三分，非兩乳也。」氣穴在兩個乳房之間，即心輪的位置。在心輪漸漸建立一個位置，掏空一個位置，忘記全身，那位置是平靜、和平的源頭，打開那裡的皮膚，感覺那裡注滿平靜，和平。

心是直接發放平靜的地方。不要以為先從愛去尋找平靜。愛有時會給你平靜，但更多時候會轉移重心失去自己，所以容易勾起情緒波動，平靜的愛很難持久，因為容易牽涉慾望，激發自我，容易受干擾。但心卻是最中性的地方，那本來就是身體的中心點，讓我們安定、平衡的地方。

盡量給自己空間，一個人去練習和感覺，返回心直接取得平靜，你便能平衡情緒和慾望，不再想佔有，只想付出。

睡前做這收心練習十分鐘，能大大改善失眠毛病，優化睡眠質素，補充能量。

和自己握手練習

這裡還有一個定心、收心的小練習，讓你可以不依賴別人，給自己愛的感覺。這個練習尤其是適合依賴性強的人，和剛失戀的朋友。我們都懂得和別人握手，卻很少和自己握手。這個練習是學習和自己握手。或者當你想有被拖著手的溫馨感覺時不用靠別人，可以直接和自己握手。

方法是這樣的：把雙手交疊在一起，左手和右手的掌心相連起來，然後嘗試用不同角度去互相握手，不同的握法會有不同的層次和感覺。試試看，手是很敏感的器官，有很多感覺。握手時，我們會感到熱量交流，

有愛的感覺，感到愛返回心中。握著自己的手，和自己談一場戀愛，給自己愛，直接和實在，自己感覺自己，將自己的心溶化。

把心拉開練習

最後，試著做這個練習：

幻想把自己的心輕輕拉出來，放在距離我們胸前約一米的地方，在心上投射一個很愛自己的伴侶，然後，像拖著小孩子的手，或者像抱著最愛的寵物時的感覺，又或者是擁著愛人的感覺一樣，跟自己做個手拉手的知己朋友，和自己聊聊天，拍拍拖，放下自己，順應地被它拖著你向前走。走在街上、上樓梯、散步、跑步時，都可以用這方法，把心拉開，讓它拉著你走。

把心拉開以後，你的眉心也會逐漸拉開，讓心走在你前面，每走一步都是由愛你的心帶領你，那是一種溫馨的，戀愛的感覺。你和你的心最親密純潔的融合。

最後，感謝自己走出這一步，感謝宇宙供養你的一切，感謝身邊默默支持你的人。這，就是愛。

答問

1. 我試過你教的方法看黑，在黑暗中感覺心跳聲很大，這是甚麼原因呢？

在黑暗中，我們會變得更敏感。試想原始人沒有燈，他們卻能感知到有猛獸出現，因為在黑暗中，我們全身的能量都會集中起來，聚合到各個感官上，所以五官變得很敏感，會聽到平時聽不到的聲音，萬籟有聲，一切都有生命的節奏。平時我們無法靜下來，受到很多官能上的刺激，大部份都是用不著、甚至多餘的資訊，令我們的感官變得麻木、遲鈍。也因為我們已過份習慣用腦袋思考，忘記身體，失去對自己身體的覺知，亦即失去對生命、感情的敏感度和覺知性，變得麻木不仁。

2. **你覺得坊間應該多辦感情療傷聚會，讓一些有情傷的、心靈受傷不開心的人有機會坦誠討論問題，通過分享互相扶持和開解，平復心情嗎？**

我不反對，但也不特別支持，因為這種分享會很容易演變成發洩會，人在集體交流時容易產生和應效果，尤其是在分享負面經驗時更容易一觸即發，感染負面能量，認同痛苦經歷，同病相憐，製造更大的負面磁場，這可是危險的，假如沒有擁有正面能量的帶領者在場，便會淪為純粹情感發洩的聚會，例如談及失婚、情傷等問題時，很容易出現

「男人都不可靠」，「天下男人沒一個好」的負面結論。

這種分享會是否有意義，關鍵在主辦者是否對治療有正確和正面的意識，抑或帶著目的如有利可圖，甚至可能只是在宣傳宗教，這樣就會變成另一回事。我認為最重要不是分享，這只是表達自己、宣洩情緒的環節，更核心的宗旨應是先跟自己建立良好關係，先相信自己，相信自己內在有一個神聖的空間，相信自己有能力改善自己，感激自己的身體對自己不離不棄，默默為你付出很多，散發內在的慈悲。在肯定這些後，你的心胸會豁開，不再埋怨和執著，不再在意負面的陳述和記憶，這樣的話，你才可以有正面能量跟別人分享你的經歷。心術和能量很對

勁的人，才有資格當治療師，輔導別人，帶領群體朝向各自的內在潛能，開發自己，而不寄情分享，激發情緒。當心變成負面能量分享小組。我不否定分享，我們現在也是一定程度的分享，有一定的正面意義。但我們要清醒，別縱容負面情緒的抒發，像坊間不少情緒、潛能提升班一樣，勾起負面情緒或潛意識後又沒有及時修補和引正，後果可能很危險。

3. **請問你認為宗教和信仰之間有何分別呢？**

宗教跟信仰是很不同的層次。每個人都有信仰，就如信念一樣，是內在的精神價值。宗教則大多以超越人的神靈作為崇拜目標，建立一套終級道德價值體系。我的看法是：你先找回自己，肯定自己的人性，才可以明白你所信仰的那位神靈的意義，才明白他感召你的旨意是甚麼，否則你只是盲從，借一個神失去自己。你要先做回一個堅信自己內在力量的人，否則你的信仰很虛弱，承擔不起任何信仰的要求，你會變得容易質疑自己，最後質疑信仰。**真正有信仰、有信念的人不會活在憂慮中**，他的存在本身就是神靈的見證，無須依賴表面化、儀式化的證明。經常活在恐懼中，證明你離開你的神已經很遠。

4. **自私和自愛有何分別呢？**

自私是取愛，自愛是付出；自私是負面地感染自己和別人，自愛是正面地感染自己和別人；自私的基礎是剝削，自愛的基礎是保護。兩者很相似。當你不是一個心能安定的人，或者不能看透問題時，你很難分別兩者，你會混淆它們。你以為自己很自愛，其實可以很自私。當人家不明白你怨你太自私時，可能你很自愛，自私的是對方。當你為了純粹滿足自己的慾望時，你的愛是自私的，也會影響別人，但當你為追求自愛時，所散發的愛便很不同。不要執著介懷別人的評語，我們要先分辨出自己的心態，知道甚麼對自己真正好和不好，有沒有剝削別人，自欺欺人。你需要慧眼去認清兩者的分別。這也是修心養性的過程。

5. **甚麼是心結呢**？

心結即執著，心結即是我們的能量運行不順暢，受到干擾，或受到別人負面能量影響後無法解決問題而勾起的負面情緒狀態。很多心結都是無法平衡慾望，慾望管理失當的結果，過度思前想後，沉溺在苦想中不能自拔，以為光想便可解決問題，問題卻不會因為苦思亂想而解決。

6. **出走的真正意義**，**是否找回真正的自己**？

出走的真正意義是更新自己，而不是執著尋找一個所謂真正的自己。

人應該流動，隨機變化，當你能隨機應變，安於變幻時，沒所謂建立一個固定的自己、真正的自己。只要你願意接受自己一切的變幻，保持覺知，啟動能量的話，你就是充滿生機和流動的你。這也是出走的意義。

7. **有意義的出走是放下束縛，做一個為行為負責的成熟的人嗎？**

成熟的人是對自己負責任的人，條件是先定心，定心是給自己一個節奏，然後便能找到無限的可能性。出走也是這個意義，當感官敏銳了，你看所有的事物也就不同了，原本的問題也不成問題，你才得到自由，不再執著。

8.

出走真的可放下一切嗎？在出走之前怎樣做才可令身邊的人放心？

能不能放下一切要你自己問心，是否真的放得下。至於別人能否放心讓你走是別人的事，你只做妥份內事就行了，只要你能量正面，堅定不移，你會感染別人，讓人安心的，或者讓別人不可能不放心。當你可以真正放下時，不會因別人的情緒表現影響自己，不然顧慮太多便無法出走。每個人都要承擔自己的生命，沒有人必須靠你才能活得好，不讓你離開的人的理由合理嗎？最終，不讓你走，無法放下的人永遠是你自己。

9.

如何知道自己是否真正愛自己，還是在頭腦裡想愛自己，其實並不

愛•自•己•呢•？

有一個指標可以自我檢查的，就是在你以為正在愛自己時，有沒有甚麼事能令你恐懼呢？如果有的話，可以先以剛才教的let in方法，面對你所害怕的，當你變成一個勇敢的人，你有能量愛自己，不再被害怕打倒，你將能包容一切，沒有人事再能傷害你。你的愛將變得紮實，堅定不移。

10. 如•何•知•道•自•己•是•否•錯•愛•了？

檢查是否錯愛的一個方法是這樣的：檢閱自己的能量，和你身邊的人或你所愛的人的能量，是否從容、平靜。問自己這一段時間經常為自己著想還是經常想著為別人付出呢？你有沒有愛到失去自己，全為別人犧牲？你有沒有愛到身體越來越差，關係越來越緊張？這些都是其中的指標，但最重要的是檢查你自己的心，是否愛到心亂如麻，失去方向，心悸不安，沒勇氣離開，沒法改變自己的想法和習慣呢？心定是首要的條件，你不能處變不驚，無法冷靜面對問題和變幻時，便是愛的方式有問題，需要調校。多觀照丹田，將濁氣往腳下沉，幫助自己清理自己，不要老是想，你只可以想出很多完美的哲學和荒謬的真相，可是最終無人可拯救你。閉塞的愛是不可能如願以償的。

問有沒有錯愛，首先要問自己有沒有愛到失去重心，迷失自己，能量亂置，有心無力，虛弱地慈悲。錯愛不一定是對象有問題，更多是你愛錯方法和貪慾的結果。檢查所謂承擔或犧牲有沒有帶著自我，自己的心有沒有在計算、叫苦、埋怨、遷怒。先反問自己到底為何那麼辛苦也不放手，到底執著甚麼，需要甚麼。回歸自己，找回重心，愛便不會錯。

11. **如何能夠維繫一段感情**，**減少淡化的感覺**？

當你得到一個人的愛或性的時候，感情突然變淡了的感覺難受嗎？這感覺跟我們渴望得到，所以便拼命追求，但得到以後又發現不外如是的感覺很相似。為何有這樣的感覺呢？因為慾望的能量是淺薄的，所以當滿足了慾望以後會感到失落。問題的關鍵，在於你是否能找到**深刻的滿足**。假若你所追求的東西本身沒有內涵，只是表面輕浮的肉慾滿足，它不會令你的心定下來，所以即使得到了很多，還是會感到缺失，不足夠，焦慮難受。

學習成熟地處理感情問題，尊重他人，照顧別人的感受。不要一直埋怨別人不理解自己，因為別人同時也認為我們不了解他，在大家都希望對方為自己改變時，爭執便會發生。分手難，離婚也難，在於兩性極端互相負面化。兩個人相處，好來好去。問心，問問自己有甚麼缺失、有甚麼恐懼、有甚麼仍然無法滿足呢？很多吧，原來一切都是因為你還沒有找到

讓自己定下來的定心位，所以感情和感覺會轉淡，輕浮。因此要懂得返回內心，返回身體，積集能量。你的能量下跌，感覺也會淡化，慾望的形成也是因為能量減低，導致感情失控和慾望放縱。厭倦了關係，是因為你把心流放在外的緣故，不能收心定情。人是軟弱的，所以要覺知，讓自己定下來。問題在自己處，不在別人。希望有紮實穩定和深刻的愛情，保持新鮮感，必須先返回自己的身體，先定心。

12. **我們應該如何處理分手後的情緒？**

那要先看看分手是甚麼原因，分手的理由是否正好反映你的缺點和缺失，反映你人格上有哪些不足的地方。分手有時是一件好事，我們要接受現實，轉化能量，將分手變成正面的動力。

13. **記不起從甚麼時候開始，我已失去了自己，不再相信自己，也不再相信別人，所以很累，應該怎麼辦呢？**

失去自己是甚麼意思？是無法掌握和抓緊自己的生命，所以很驚慌，抑或情感已到了麻木的地步，沒有感覺，也沒有感情，甚至沒有新的衝擊了？又或者，經歷過愛情而跌倒，被人否定了自己，所以覺得失去自己呢？

當你說失去自己時，只是失去一面鏡，是別人不再反照你的結果，而不是你看不見自己了。當別人不注意你，忽視你，認為你不中用時，你便感到失落，覺得做人沒意義，你把自我的價值觀貶得很低，因此你連自己都不敢相信。可能你受過傷害，所以你不再相信別人，但為何信任別人對你來說是一項負擔呢？這正是能量分配不好的問題，原來你已失去能量接受衝擊。相信別人是要付出的，要投資，若信錯人怎麼辦？會理虧。你要量力而為，如果超越了你的負擔能力，你當然會受傷，因你付出過多了，於是失去了自己。解決的方法是你必須繼續向前行，別卻步，重建信念，用我以上教過你的定心方法試著勇敢走下去。

14.

可否解釋一下你這句話：「痛苦是真的，恐懼是真的，危機是真的，慾望是真的，無助是真的，不被理解是真的，他令你受苦是真的，你自作自受是真的……但這一切的理由卻是假的。」

情緒變化的確令人感到很痛苦，它會第一時間被人否定。但這不要緊，記得思緒總喜歡干擾我們。所有負面感覺本身都是真實的情緒反應，這點不容否認，不過痛苦、恐懼等等的理由卻不一定是真的，因為那是在情緒干擾下自動運作的思緒活動，可以跟事實無關。負面情緒出現時，我們先不要抗拒它，讓情緒進來，不用抗拒也不要抑壓，就請它進來坐坐，招呼它，為它倒杯茶，讓它放鬆下來。情緒一旦發現留在你身上沒意思，無法吸引你

的注意力，看到你沒加反應的話會覺得很悶，便會自行離開。

處理情緒問題時不妨大方接受情緒，不用否定它。看著它，讓它進來，最後它會自動離開。所謂痛苦其實是自作自受的，你解釋痛苦的一切理由都是假的，因為思想並不是你，不要執著。執著一直跟著凌亂的思緒行動，你越在乎它，只會留下一堆負面濁氣，像盛夏時你回家不洗澡一樣，留下一陣臭味，揮之不去。

15. **朋友的老公做事沒有原則**，**也不願意為決定的事負責任**，**可是對家庭很照顧**，**願意做家務**，**但在感情交流方面很貧乏**，**做妻子**

的很氣憤和無奈，請問她應如何面對老公呢？

男人的思想和行動很少能馬上滿足女人的需求，你認為他不願意負責任，可是他內心可能正希望負責任而不去隨便決定事情。我不是為男人狡辯，而是告訴你我們要了解男女雙方在溝通上有很大的鴻溝，我們只能用心嘗試進一步溝通，學會透視對方的心，盡量先關懷對方的感受，而非理論，計算誰是誰非。這點是很重要的，因為這樣才能掌握如何跟他談下去的技巧。

溝通不是目的，溝通只是工具，一種相處的方式，到了某個情感

層次可以不用再靠語言溝通，雙方已有默契，可以相處得很好。但一般人卻以為溝通是兩性共融的方案，其實強調溝通只是近代文化史上的觀念，太多語言政治的把戲，已變相跟權力扯上關係，離感情和愛很遠了。這點在此不作詳談，重點是你問自己，當你認為老公不負責任時，你能清楚要求老公負甚麼責任嗎？你的要求合理嗎？有注意他的感受嗎？有嘗試先了解他的想法嗎？你對他的了解還很淺薄。在判斷他前，請先安定自己的心，才有清晰的思維表達自己的想法，和進行溝通，問對問題，不致一開口便勾起人家的情緒，令人反感。很多人都不懂表達自己，或者過份自我保護，因為面子問題，或因為有苦衷難以表達，有些人甚至不知自己真正的想法。男人的思維是線性的，不會轉彎抹角，女人的思維卻是網路式的，很多枝節，不夠清醒便會亂作一團，沒有人（包括自己）能理解，追蹤來龍去脈。多用心了解對方再下道德判斷，**人總比自己想像的武斷**。

附錄

附錄一 點心話

1. 慾望是思維的蠢動，自我膨脹，得而易厭，貪圖新鮮，永不滿足，是自我不斷滾動運作的機器。

2. 慾望無法被完全滿足，縱慾容易沉溺成癮，助長自我。縱慾令你不斷耗損能量，需要吮吸別人的能量，你將忘形索求，難以付出。愛你的人即使留守在你身邊甚麼也不做，情感上已感到很疲累，要承擔無法滿足你，沒甚麼可做的孤苦。你將無可避免傷害或剝削為你付出或愛著你的人。因為慾望，因為懦弱，你失去靈魂。

3. 縱慾能干擾愛的能量，觀照的能力。你無法付出，無力去愛，卻依賴別人的包容和遷就。縱慾令你變成愛的強盜、無賴或乞丐，失去尊嚴。你還要自大自辯自我保護的話將令愛你的人更難受，你也走到能量便秘的絕路。

4. 得到以後感覺不外如是，失落感勝過短暫的滿足感，才最教人心酸難受，因為你已失去深刻感受的能力，你跟你所追求的東西一樣變得膚淺有價，無心欣賞，只知品評。沒有一個縱慾的人能得到真心的滿足和快樂。

5. 當你得到一個人的愛或性後，感覺很快淡化，容易厭悶，嫌棄對方，那是很可悲很膚淺的慾望行為，因為你已物化了對方，也物化了愛和性，忘記尊重，你的愛和性變得蒼白淺薄，失去能量。

6. 痛苦是真的，恐懼是真的，危機是真的，慾望是真的，無助是真的，不被理解是真的，他令你受苦是真的，你自作自受是真的……

但這一切的理由卻是假的。

7. 改變他，問題不一定得到解決；離開他，問題也不一定得到解決；

壓抑自己，問題依然未解決。

8. 人孤單和痛苦，是因為受傷害或被否定時無奈地發現脆弱的自己，無法借改變別人令自己釋懷。

9. 人焦慮、不安和恐懼，是因為人情世事難預測，卻無能力改變現實，困局沒打開，看不到出口。問題是人情世事大多不了了之無法解決，但沒解決並不重要，重要是先解脫內心的枷鎖，從改變自己的心態開始。

10. 打開自己，回歸一個固定安全的能量中心點，這個中心點，讓仁愛、滿足、平靜和神聖成為可能。

11.

別再費勁壓抑或否定慾望和思緒，你需要的是觀照它，將慾望能量循環，轉化為滋潤生命，孕育愛的有機動能。

12.

別助長自我。看穿自己的軟弱和盲點，謙虛，接受，沉默，定心。替生命找個定心點，從觀照身體入手。

13.

別做感情的乞丐，求知的奴隸，認知別人的經驗不能成為你自己的體驗。從已知的出發，出走，繼續尋找，開發自己。

附錄二　做個情感健全、負責、成熟的人

你是情感健全、負責、成熟的人嗎？請選擇：

1. 轉化慾望為正面有用的能量vs縱慾任性失去自己
2. 心是最誠實的道德vs自欺欺人
3. 愛人如己vs自傷傷人
4. 愛是神聖優雅自足擁有尊嚴要感謝的禮物vs乞求感情死纏爛打愛得醜陋

5. 性的赤裸不在身體而在尊重和坦誠 vs 危險、剝削、發洩、自私的性

6. 顧己及人下放自己 vs 只顧自己的感受和享受

7. 明白欠缺自省和自信才需要自辯 vs 用生理論、性別論等替縱慾自辯

8. 宇宙浩大你算老幾 vs 自己永遠是對的

9. 先聆聽體會對方感受 vs 太快下判斷、定論、評語，好勝

10. 別人總有比你優勝的價值 vs 否定別人抬高自己

11. 減少對別人的負累是人生的成就 vs 依賴別人對自己的包容

12. 開放、大方的感情才真實永恆 vs 渴求愛人為你專一守節

13. 一切都要付出代價vs貪戀、利用別人的感情

14. 人生一場戲，給角色多一點彈性vs死顧面子，不甘心，執著不放手

15. 對言行負責任vs說完便算

16. 對自己的情緒負責任vs遷怒、埋怨別人

17. 將心比心，己所不欲勿施於人vs要別人承擔自己的任性

18. 懂得感恩才算愛過vs理所當然享受幸福，忘記感謝

19. 承擔破碎感情關係後遺症vs要求對方最後決定、安排關係的去向

20. 觀照慾望無須否定 vs 否認或美化慾望

21. 能做個合格的人已經很不錯 vs 否認慾望但追求或要求神聖、修道

22. 能改變自己已經很有成就 vs 總想改變別人遷就私慾

23. 沒有放下還未算擁有 vs 懼怕失去導致焦慮不安

24. 找個中心點，先定後思後行動 vs 亂心粗心貪心花心勞心傷心失去定位

25. 愛情是修行過程不是目的 vs 追求愛情對象迷信命定緣份

26. 自大和自卑是自我膨脹的結果 vs 總覺得對方比我強感到自卑和壓力

27. 放下自我和面子，主動奉獻助人 vs 等別人要求才被動反應以為已很了不起

附錄三 問心checklist

提示：每條問題請用心而非用腦細嚼，最少深思三次才誠實回答。

記住：你是為愛自己而問而答，不是為誰。

1. 你所愛的人有代替品嗎(如寵物、子女、財富、情人、事業等)？

2. 你每天所想所做是為自己設想居多，還是為所愛的人或別人？

3. 你是否覺得很難純粹為了令所愛的人好，不考慮自己而行動和付出呢？

4. 你有對你所愛的人隱瞞你的慾望行（如偷情、偷性、購物、偷查通訊記錄等）嗎？

5. 你有時不想向愛人坦白的原因，是因為覺得對方有錯不明理，還是自己感到羞愧或無助呢？

6. 你對自己否認過或合理化你有某種縱慾傾向（如貪戀、貪性、操控、佔有等）嗎？

7. 你為自己縱慾辯護是想更正對方的思想，還是掩飾自己失控的脆弱？

8. 你的縱慾令愛你的人為承擔你而受苦嗎？

9. 對方的慾望令你不安是因為對方道德上犯錯，還是純粹在精神物質健康上你無力予以支持？

10. 你近期的性愛是為滿足對方多一點，還是自己多一點？

11. 在大部份情況下，你是生理需要去做愛，還是希望令對方開心滿足感受你給予的愛？

12. 你說對不起，通常是為了平息對方的情緒，還是感到悔疚或無助？

13. 你覺得自己有能力給別人很強大博大的愛，可以付出很多嗎？

14. 你所愛的人感到滿足和快樂，但你尚未感到滿足，所以很難全情投入分享對方的快樂嗎？

15. 你是否經常為了自己而忽略/犧牲/勞累了所愛的人，還是為了對方忽略/犧牲/勞累了自己？

16. 你會很快放棄，還是很難決定是否應放棄不值得你繼續付出的人呢？

17. 你覺得大部份時間是因為別人才令你產生負面情緒（如憤怒、委屈、難過等）嗎？

18. 你通常很少馬上反省你對別人的理解或判斷可能是錯誤或誤會嗎？

19. 你會將感恩藏在心裡，還是欣然表達讓對方知道呢？

20. 你能分得清楚你對自己好是縱慾還是自愛嗎？

出走，是為了愛
Runaway for the sake of love

（總第五版）

作者
素黑

責任編輯
寒靜街

美術設計
大紅

攝影
Iris Cheng（文藝女生）

模特兒
Cecilia Ng（Nudité fashion）

服裝提供
Nudité fashion

出版者
知出版社
香港英皇道499號北角工業大廈18樓
電話：(852) 2138 7998
網址：http://www.formspub.com
http://www.facebook.com/cognizancepub
電郵：marketing@formspub.com

發行者
香港聯合書刊物流有限公司
香港新界大埔汀麗路36號
中華商務印刷大廈3字樓
電話：(852) 2150 2100
傳真：(852) 2407 3062
電郵：info@suplogistics.com.hk

承印者
中華商務彩色印刷有限公司
香港新界大埔汀麗路36號

出版日期
二零一五年七月(新版)第一次印刷

ISBN978-988-8325-55-9
Published in Hong Kong

上架建議：(1)兩性關係 (2)心理勵志 (3)流行讀物

知出版社
COGNIZANCE PUBLISHING